寫心事，療心事

마음 쓰기를 합니다

67則心靈寫作的故事與練習。

我想成為
更好版本的我

U0001719

朴仙姬 ———— 著

張琪惠 ———— 譯

心情困頓時何必往外求，透過心靈寫作的力量，就能成為自己最棒的傾聽者跟療癒者。

—— 小印｜《財富自由的整理鍊金術》作者、整理鍊金術師

. . .

開始記錄你每天最珍貴的時刻，透過作者三階段的方法練習，累積自己內心無與倫比的力量撲滿！

—— 未秧 Winter ｜ 作家、教育 YouTuber

. . .

順著自己的內心沿路書寫，會驚訝地發現一畝神秘又神聖的沃土。我也曾沿路寫著寫著，那畝田竟開出了美麗的花朵，文字之花就是送給自己最好的療心禮物。

—— 芬妮 Fannie｜《練習不聽話》作者、閱讀推廣人

我想，再也沒有比愛自己更重要的了。循序漸進的，慢慢看見自己真的很棒，並且值得被愛，這本書提供了一個清楚的路徑。

— 施又熙｜作家、社工師

. . .

要如何瞭解自己的生命風格？阿德勒認為「早年回憶」是一個很好的方法，我也在幸福拼圖當中放入了「正心療癒」這塊拼圖，而《寫心事，療心事》則提供我們如何行動的指南，讓我們可以透過寫心，來療癒自己。

— 趙介亭（綠豆爸）｜可能幸福學院創辦人

. . .

「寫作」是簡單又有效的自我療癒方法，幫助我們更好地認識自己，進而改善負面情緒。如果你也想要改變自己的生活、增加動力，不妨試試從這本書開始練習吧！做自己的療癒師！

— 盧美妏｜人生設計心理諮商所 共同創辦人 / 諮商心理師

. . .

我喜歡書寫，也教書寫，這本書給了我許多書寫與教學的靈感，也豐富了我對探索內在的認識。

— 羅致仲｜人際溝通講師、身心靈工作者

第 一 篇 寫心事，尋找自我

CHAPTER 01 發現 進一步了解自己的故事集

CHAPTER 02 意義 我想怎麼生活？

CHAPTER 03 現實 在日常艱辛時守護自己

CHAPTER 04 內在 帶領真我的記憶們

CHAPTER 05　接受　那雖然是我，但不是我的錯

CHAPTER 06　感覺　感受到的就是我自己的

CHAPTER 07 　感情　想和我的心好好相處

第 二 篇　寫心事，守護日常生活

CHAPTER 08 　平靜　不管什麼日子都恬靜的心靈

CHAPTER　09　　日 常　　今天在我身上出現的各種小奇蹟

微不足道的，
卻像魔術般的寫心事。

由於出現嚴重又特殊的傳染性肺炎（COVID-19），時間被剝奪了，在彷彿春季不會來臨的某一天，我經過住家附近的區公所，看見建築物牆壁上橫幅廣告寫的詩句：

「哪有不搖曳就盛開的花／ 這世上所有綺麗的花朵都搖曳著挺直腰桿」——都鍾煥

這句詩彷彿讓我聽見心中春花綻放的奇蹟。我走進區公所旁的咖啡館，取出日記本寫下這首詩。我在網路上查詢並抄錄了全文，我的心如同春天的呼吸「即使在風中搖曳，也要挺直

腰桿，對於目前的我而言，這遠比吃飯來得重要！」

　　嚴重又特殊的傳染性肺炎（COVID-19）餘波之下，憑自我意志無法解決的事，就是畏懼著「要躲到某個地方」的時刻。這些一不小心就會搖搖欲墜的日子，多虧了我身邊的家人和我的一篇篇文章才讓我找回平靜。詩人的詩，猶如不容錯過的動聽格言，好比「書寫」能讓我駐足停留，我寫的一句心事可以成為一天的力量。

　　當我們面對現實、在漆黑洞穴般的時刻，為了得到一道明亮的光芒，該做的不是什麼了不起的事，而是將某個瞬間搖擺不定的心情寫在白紙上，或者將現實的痛苦和要遺忘的某件事書寫在日記本或筆記上。在生命的深淵中，當想愛自己的心凝結時，請打開筆記本寫下心事。或者走在馬路上看見的橫幅廣告、今日閱讀的書、和某人的交談，或是來自經驗的洞察，請把這些都記錄在筆記本內……

　　轉變日常生活的管理方式，一切都變得有可能，即使是微小瑣碎的事。

文章的力量比想像中要強大。為生活而苦時，偶然閱讀的文章，會讓新鮮的渴望如泉水般源源不絕地湧出，或在命運般相遇的語句中，找到人生的座標。將這些文章逐字寫下來，反覆思索，會有更好的效果。**然而能帶來明確力量的，當然是自己寫的文章。**

生活得轟轟烈烈時，在短暫的留白中書寫的一縷心事，彷彿是夏季的森林綠蔭般，捎來新鮮的恬靜。當日常生活感到不安，漫不經心時，書寫的日記，猶如從容地整頓內心。**將照顧呵護自我的心情轉化為文字時，發生的魔法就是「寫心事」魔法。**

寫心事是將此刻此地的我培養得更健康的寫作。我們的內心不僅因為深層長期的痛苦、羞恥和嫌惡留下傷口而感到疼痛不堪，也會因為某人不經心的一句話，毀掉一整個星期，沒有明確的理由就被禁錮在憂鬱的隧道中，無法理解自己和他人，而且變得不自在的人際關係也會承受壓力。由於不擅於表達情緒，偶爾會造成誤會或陷入自責。

林林總總不安的情況，總是圍繞在我們身邊。**寫心事能對**

那些令我們不知所措的所有情況發揮藥效。當我們全心全意書寫時，就能平心靜氣，獲得力量，讓將跌至谷底的自尊心和自信心再站起來，變得更聰明、強壯和快樂。當然，要不間斷地書寫。

寫文章無須害怕。自由自在地從一小步開始跨出去，從一句話開始就行了。

寫下這個星期我想掛的標語、我最近需要的態度、我想要的東西、想留下好情緒的一天等有如旗幟般簡短的文章。倘若還是做不到，從一個單字，一句話（短短的語句）開始也無妨。「韌性」、「無條件休息」、「再見了麻煩」、「我生活的中心＝我」、「專注在本質」，用這些關鍵字就能獲得源源不絕的新能量。

某家文具設計商店，曾販售相當有創新概念的筆記本，就是一天寫一段落文字的日記。先在標題寫下某一天「關於我的句子」，接著在下面的格線內添加幾句話，日記就大功告成了，是輕鬆地開始寫作的格式。寫心事也能像這樣簡單地嘗試。

舉例來說「中午時分在陽光下散步 30 分鐘」、「找出那個

人的優點，而非缺點」、「我對於 OO 而言是怎樣的人」、「不要執著於過去的事」、「倉促地判斷可能會壞事」，像這樣把當天的念頭，寫成「我的一句話」，簡單的加上相關的想法即可。是不是想立刻嘗試呢？

　　我的寫心事，從記錄「愛自己」的句子開始。也就是從遇見 BTS 防彈少年團專輯《Love Yourself 結‘Answer’》的 JIN 個人單曲 <Epiphany> 開始。2 年多前，由於接連不斷發生衝擊性事件，我的精神狀態耗弱，過著混沌不安的日子時，自尊心跌至谷底，自卑畏縮，<Epiphany> 的歌詞對我而言，猶如天使的鼓勵，叫我「快點站起來」。對於不曾經歷過每一瞬間有如暈眩般危機的人而言，或許這只是再平凡不過的歌詞，但對於當時的我而言，這個訊息，讓我的手臂、腿、心臟，甚至是靈魂都感到被愛包圍，每次聽歌時，我都會哭到不由自己。從那時起延續寫心事，讓我站起來，成為在日常生活中照顧自己的工具。韓流偶像的明確影響力，也就是 10 多歲的歐巴偶像團體讓我受惠，這到底發生了什麼事？

　　然而從很久以前開始，我寫的文字宛如擁抱我肩膀的手臂，

輕輕地拍打著說「原來是這樣啊！沒關係，試著好好表現，今天也很堅強呢！」。出道之前和之後，每當我有需要時，給予我一縷「真正」平靜的，不是職業寫作，而是私底下從我的筆記本內吐露的呢喃。若有什麼改變，就是現在養成了習慣，隨時將厚重的寫心事筆記本拿出來看。在彷彿有害謠言般延續嚴重又特殊傳染性肺炎（COVID-19）的時代，需要多一點更頻繁、平靜且深層的和自己相遇的時刻，以及和自己貼近的時刻。

在新冠肺炎疫情當中，不要錯過開始寫心事的機會。當物質動態層面的行為被廣範圍的禁止時，反而開啟了精神靜態層面的領域，給予被禁錮在房間裡的人，最豐富的東西是思惟。停下來思考，釋放不自由的心靈，專注在內在聲音，自我探究，找出讓心臟跳動的心靈該前往的道路，並且和他人有精神上的連結……，為此，請打開筆記本，書寫內心的明暗、色澤、型態、溫度、行動和變化，為了成為更好版本的我，為了讓此時此地的我更健康。

2021 年夏天，朴仙姬

1 / 寫心事是指「將照顧呵護自己的心情，化成為文字」。這可以是一個單字、一句話、一個段落，或是幾頁的文字。重要的是「專注在自己的心書寫」。

2 / 寫心事可以讓我們更靠近自己，無須他人幫助，自行恢復和維持心靈健康。

3 / 寫心事是我們已擁有的普通能力。只是缺乏對文字的自信，無法輕易敞開心書寫。並非具備寫作能力才能寫心事。像塗鴉班寫的即興句子或單字的排列，也能紓解鬱悶的心情，寫給朋友的感謝紙條，幾句話就能分享感動。無需太費力書寫，請輕鬆的開始。

4 / 本書的 67 篇故事和寫心事練習，會成為最真實的引導。然而並不需要做所有的寫心事練習。挑選適合自己的主題或吸引自己的問題來寫。回答問題，也不需要費力寫出百分之百完整的文章。也可以配合自己的情況和立場修改問題來寫。

5 / 練習本書全部的寫心事後，請自己寫問題回答。可以盡量主動想寫多少就寫多少。要問什麼，該怎麼寫，都是在領悟後的事。

希望寫心事能成為發現自己，安慰自己，替自己加油的日常工具。

第一篇

寫心事，
尋找自我。

進一步了解

自己的故事集

發

現

CHAPTER 01

發現自己的咒語

用「我記得」蒐集一些記憶

　　無論任何事都不喜歡隨波逐流的我，只要讀一本書就會跟隨那位作家。讓我感興趣的書是美國的畫家、繪圖師兼作家伯雷納德 (Joe Brainard) 的《我記得》。以「我記得」開頭的句子，就像拼貼畫一樣連接記憶片段的單純形式文章。不禁令人讚嘆他人的記憶居然能如此魅惑迷人，具有擁有吸引讀者的魅力，培瑞克（Georges Perec）等許多作家也採用相同形式出版同名書籍《我記得》。雖然這個作品還不足以和作家伯雷納德 (Joe Brainard) 相提並論，然而我在閱讀這本書時，咒語般的一句話「我記得」，喚醒了一連串遙遠的記憶們。

　　我只要一有空就用「我記得」蒐集一些記憶，這期間我有了兩大收穫，第一個收穫是將記憶文字化編輯，彷彿把過去的污點或斑點精細的過濾掉，讓我從容的回顧那段時間。另一個收穫是重新體會到「原來我是這種人啊」。尤其是後者，幫助我接受目

前在人際關係中反覆出現的缺點。這就是「我記得」的魔法。

我記得。中學二年級時，同班的恩珠下課後幾乎每天都來我
們家。不知從何時起，我對於兩人像影子般形影不離感到有些不
自在。「要是她偶爾才來該有多好……」我想多一點自我獨處的
時光。有一天我在恩珠家和我家的交叉路口這樣說道「妳今天最
好回妳家去」。她不問為什麼只說「是不是妳媽叫妳不要跟我一
起共用水彩？」我只回答了一個音節「嗯。」恩珠和我前一天
一起做美術功課，其實我媽根本就不在意我和誰一起共用水彩。
我之所以會回答「嗯」，僅僅是懶得說明我的狀況。隔天上學時，
恩珠走到我身邊說「我媽買水彩給我了。」在那之後我變得孤獨，
也失去了朋友。

我記得。學校旁巴士終點站的 8 號巴士路線，會在首爾市區
繞行，再駛回終點站，需要 2 個小時。我偶爾放學時會坐在 8 號
巴士的最後方，參觀首爾市區後再回家。

當巴士經過幽暗的北岳隧道時，有種到遠方國度旅行的心
情。由於暈車的緣故，當我到家時極度噁心想吐，然而卻未停止

獨自的旅行。

　　我記得。成為大學生後，第一次跟某人說話的那一天。那是大一的 5 月，上完課後前往成群鯉魚聚集的蓮池。有小噴水池的蓮池，是我打發下課時間的場所之一，也是適合獨處的地點。說不上什麼特別的理由，我開學後經常獨來獨往。對於大學生活不抱持任何期待，當一跨過大學入學門檻後，有種踏入異世界格格不入的感覺。蓮池旁的長椅上有人比我捷足先登，那是我們系上跟我如出一轍總愛獨來獨往的 22 號同學。「Number 22 ○○○」是通識科目的英文饒舌教授問問題叫名字時，總是用微弱的聲音回答的那位同學。我先開口說「你好。」「嗯，你好。」分別在地球這個行星上降落的兩名外星人，找到了彼此，從此成為朋友。

　　Number 22 目前仍是我珍貴的朋友，總是在我身邊守候。也就是說，數十年的人生中，為了守護我必要的孤獨，我曾經失去了不少人際關係，然而願意留下來的人，就會留下來，無論我跳舞，或是拳打腳踢，她對我而言永遠如同陽光般給予滿滿養分，陪在我身邊。

　　「我記得」的文章，大多是想到離開我的人們而感到自責不已，或者是為了不想經歷所有的離別而拋棄自己，使盡全力的想留住他們，所以用偽裝的表情露出假笑，努力的想留住好不容易遇見的他們。

寫心事
練習

用「我記得」當句子開頭，慢慢發現自己

用「我記得」的句子開頭，將現在想起的古老回憶，盡量地延續下去。沒有主題，也沒有順序，只要將浮現的記憶，如實寫下來即可。

生活中必備的人格面具

我的面具們

我曾和文壇的一位同事閒聊時，說過這樣的話。

「我在文壇中認識的人當中，S 和 M 是挺不錯的人。」我早就不記得到底為什麼會提到這些。那位同事以不可置信的表情，疑惑的說「M 嗎？我不想再繼續提 M 的事。」因為不想聽到關於 M 不好的風評。事後我才想起，問「M 嗎？」的那個人，有可能不打算說 M 的壞話。然而是否能將 M 放進不錯的人的圈圈裡，那也不得而知。

「從容不迫，自我管理也做得很好。」

「認識後，發現有點呆萌」

「就是模範生類型。」

「自由自在的靈魂。」

「總之想得太多，又敏感。」

「比外表還酷又開朗。」

　　以上這些都是身邊的人對我的評價。我從來不曾反駁過任何評價。這麼矛盾的性格，好像都是我。偶爾我會想「什麼是我真正的模樣？」心情就變得有些複雜。我是否在不知不覺當中，不夠真切的對待別人？甚至還自我懷疑。然而我找到了足以消除這些疑慮的一個單字——人格面具！

　　瑞士心理學家兼精神科醫生卡爾·榮格提出的「人格面具 (persona)」，語源來自於古代話劇演員戴的「面具」，意指「帶著面具的人格」。就如同話劇演員替自己擔任的角色所詮釋的演技，在社會生活當中，我們也會展現出認為適當的態度或性格。在自己固有的本性上，戴上社會性面具，也就是展現社會性人格。是不是有些令人不寒而慄？然而，如果不是以不良的企圖戴上特定人格面具，那就只是為了和現實世界保持一定關係而戴上的正常面具罷了（據說為了達成目的，有時也在潛意識下，會策略性使用人格面具）。

　　也有人因為人格面具和自己原本的面貌有疏離感而感到矛盾，這是由於人格面具比本性突出，所以產生孤立感和自卑感。當名流們說自己被禁錮在大眾面前表現出來的形象，有強烈的壓

迫感，並且罹患了憂鬱症和恐慌障礙等，是多麼地可憐。雖然「我想念平凡的生活！」，但是我在原本的心理狀態和對社會的需求下，徹底妥協的時候所展現出來的人格面具，是為了適應社會和自我保護時必備的面具。

在別人面前展示不同面貌，也是為了適應外在世界而選擇的人格面具。M 是否也是根據情況和關係，才呈現出不同的人格面具呢？人格面具 1，人格面具 2，人格面具 3…不是為了欺騙別人，也不是為了傷害他人，是為了展現社會性人格的多元化面具。

寫心事
練習 2

你想要什麼樣的人格面具？

你的人格面具是什麼模樣？將家人、要好的朋友、熟人、參加的團體成員、上司或屬下員工、商業交流的人們、鄰居、展現給只見一次面的人的模樣，整理成人格面具 1、人格面具 2、人格面具 3…並補充想修改哪個人格面具？想要保留哪個人格面具？

從記憶裡療癒內心的傷痕

發現身體珍藏的故事

負責人類記憶的是腦兩邊位於顳葉的 2 個海馬迴。寬 1 公分、長 5 公分的兩個問號型海馬迴，左邊負責短期記憶，右邊負責記憶從出生之後的所有事，相當奇特。這個奧妙的人體器官，有記憶我的故事、傷痕和感受的珍貴領域，刻畫著我身體各個部分的特別經歷。

我的手肘仍依稀記得，身體不太健康一年多來虔誠做了 108 次拜拜的時期；我的頭髮還記得，第一次燙髮才覺得像個大人的時期，那是 19 歲的我，昂首闊步；我的肩膀還記得，為了撿拾裝在玻璃瓶內的貝殼送給單戀對象，被夏日烈陽曬傷的灼熱疼痛感；我的手臂、腿和腰還記得，古巴旅行時，在拉丁音樂傾瀉的廣場上，在一名古巴人帶領下跳著騷沙舞的夢幻時刻⋯⋯

就這樣，我的身體每個角落，都珍藏著我的故事。偶爾某些

記憶保存下來，會成為心理性傷痕或心理創傷。我的手記住的一件事，是鋼琴老師和 30 公分長尺，以及和父親有關的沉重的每一天。我的手記得那個時刻。

　　小學時期和妹妹一起學彈鋼琴，這是對孩子有過度教育狂熱，疼愛兩名女兒的父親主導的事件。社區知名的鋼琴補習班總是有許多學生造訪，人潮絡繹不絕。從拜爾學到卡爾・徹爾尼後，我開始討厭去鋼琴補習班上課。鋼琴老師跟魔女沒兩樣，只要我一彈錯，她就會用 30 公分的長尺痛打我的手背，就是野蠻的宋靜兒老師。她偶爾會用女高音般的尖銳聲音斥責怒罵孩子們。誰想故意彈錯呢？儘管我內心抗拒，但始終不敢抱怨。因為她跟魔女一樣可怕嚇人。然而還有一個不喜歡鋼琴補習班的原因，那就是爸爸。

　　其他小朋友的媽媽都不會來補習班，可是我爸爸，不僅常來看彈鋼琴的女兒，還常追問老師，問我彈得好不好。爸爸完全不在意別人的目光，穿得像個波西米亞人，這件事讓我更不開心。我在彈鋼琴時領悟到了爸爸的關心和執著，帶給我多大的負擔感。當時的負擔感，在離開鋼琴補習班後，還持續延續著，那是

被禁錮在爸爸過度熱情中的感覺，想脫離爸爸的想法……我在周遭堆起看不見的圍牆，似乎總是這樣過生活。

當我將手中的記憶書寫成文字後，迎接了解某個層面的時刻，那就是我極度渴望自由，而且始終不變的嚮往著，或許是從那時候開始的……現在我以一個擁有以往經歷的人來看待父親，雖然愛著他，但就我的立場而言，看著父親的漫長歲月中，他支配了我精神世界的一個部分。然而目前罹患痴呆症的父親，卻對此一無所知。

寫心事
練習 3

回憶身體的故事，療癒內心的創傷

眼睛、鼻子、嘴巴、手、腳、手臂、大腿、背、脖子、肚子，胸……請用文字書寫你的身體各部分所珍藏的故事。

認清自己的模樣

回答生平最困難的問題

　　我曾經在意外的情況下陷入「存在論」的迷宮內。那是申請參加藝術家補助事業的面試時刻。3 名外部招聘面試官的其中 1 名，丟出了我從未預想過的問題「請自我介紹。」當時我有幾秒鐘呈現靜止狀態。我在申請書附上了不少文件，也詳細地填寫身為作家的履歷和補助事業有關的計畫後交了出去。再加上這不是為了就業的面試，自我介紹似乎是不太適當的要求。

　　他好像完全沒看我絞盡腦汁、費盡心思寫的文件。在我胡亂編出至今都不願回想的「自我介紹」時，他拿著我的文件隨意地翻來翻去，就像在尋找隱藏的蟲子。

　　但是那一天讓我感到不舒服的，並不是面試官。正確來說，他只帶給我一些的不愉快。讓我驚慌失措並且耿耿於懷的是留在我面前的問題。在那之前我一次都沒被認真問過的問題是「我是

誰？」。「多虧了」沒仔細看資料的面試官才抓出了這個問題。我人生的面試經驗只有 5 次，奇特的是這 5 次面試都不曾被要求自我介紹。

會不會還有類似「我是誰？」這樣 360 度延伸思考範圍的問句？很迷惘而且很傷自尊心。我是誰，說起來居然如此困難。總之，我想找到自己形體的答案。當有人讓你自我介紹時，你可以說「我是這樣的人」。我偶爾會用「我」的句子開頭寫文章。

我是朴仙姬。我擁有寫作的職業。我認為我的職業不屬於主流，做為這樣的人真的太好了。相較於樂曲的大調，小調更能吸引我，因為我堅信那更適合我。我偶爾會對於我的外貌和內在的不協調，感到不甚滿意，因為懶得思考我該做的事，還有該做的分量。即使我隨時怪罪我的懶惰，但還不算太嚴重。

我不擅於處理壓力，若是花太多心思會變得過度敏感，還會生病。我喜歡的人很多，不過不喜歡的人也不少。我對喜歡的人敞開心扉，不過對讓我不舒服的人就可能會不關心或是避開。我的成就慾望不高，然而卻具有韌性。相較於套裝旅遊，我更喜歡

自由行。我非常喜歡走路。

我雖然很窮，但是對賺錢的事不太有興趣。我沒有錢也覺得不方便。相較於言語，我更可以從眼神和表情中辨別真偽。相較於用電話或文字簡訊聊天，我更喜歡面對面說話。我對於別人留意觀察我的外表感到很不舒服。

我一個人一星期獨處也不無聊。我認為要能跟自己好好相處，才能和別人相處融洽。相較於和多數人的團體見面，我更喜歡和心意相同的幾個少數人見面。我喜歡素食勝過於肉食。我愛樹木，死的時候想埋在月桂樹底下。我很晚才睡覺，很晚才起床。我會根據主觀的判斷變得親切，或是變得刻薄。我曾聽人說我很小心眼，也曾聽人說我很大方。我對於大部分的事都笑著帶過，若不是那樣，就直率地告訴對方有什麼問題……

「我 _____」的句子可以無止盡地延伸，就像在油畫布上隨心所欲、毫無連結性的描繪自己樣貌的自畫像。

即使對於說「請你自我介紹」的面試官而言，這些內容不

怎麼令人滿意，卻是有意義的自畫像。雖然還不夠完美，卻表現
出某種程度形體的模樣，即使想要更改每個小細節，也不算太糟
糕，因為這是關於「我是誰？」80 分的答案。

寫心事
練習 4

用「我 _____」的句子寫文章，了解「我是誰？」

你曾經自問過「我是誰？」嗎？用「我」開頭，順手寫下表達
自己的句子，然後延伸，確認展現形體的模樣。

察覺我的模樣和我的問題

意識流動寫作

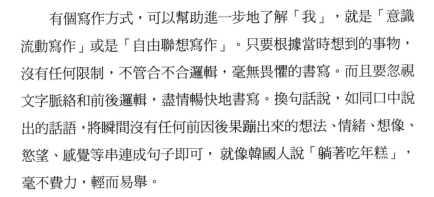

　　有個寫作方式，可以幫助進一步地了解「我」，就是「意識流動寫作」或是「自由聯想寫作」。只要根據當時想到的事物，沒有任何限制，不管合不合邏輯，毫無畏懼的書寫。而且要忽視文字脈絡和前後邏輯，盡情暢快地書寫。換句話說，如同口中說出的話語，將瞬間沒有任何前因後果蹦出來的想法、情緒、想像、慾望、感覺等串連成句子即可，就像韓國人說「躺著吃年糕」，毫不費力，輕而易舉。

　　這樣跟隨著自由聯想，自己的內在世界就會像碎片一般，逐一呈現出自己的真實面貌。其中也混雜了潛意識想隱藏的卑鄙、丟臉、小心眼、粗魯又沒出息的模樣。一開始是毫不相干的一些碎片，無秩序的擺放聚集，最後拼成了擁有型態的圖片。因此意識另一邊的問題會浮上表面，發現「原來我有這樣的問題。」和「原來我有這一面。」

　　若很難起頭，立刻把現在五感感受到的東西轉換成文章，並且將聯想到的東西連結在一起。舉例來說，從窗外聽見的汽車噪音、和某人交換的簡訊訊息、隔壁鄰居傳來的音樂等開始，依序寫下單純聯想到的事。

　　窗外聽見汽車緊急剎車的聲音。我最近的爆發力似乎大不如前。媽媽在路上跌倒，手臂受傷了。我曾在 2 年前，急著趕夜路，不小心掉進坑洞裡。大家都以為我很執著，實際上並不是那樣。我不知道昨天和朋友約定好的日期，原來已經有別的安排。我害怕身邊的人因為我感到失望……

　　嚴肅、真誠、謹慎，全部都丟出來，像玩遊戲一樣書寫。這樣接著寫下去，就會看見自己沒察覺到的我的模樣和我的問題。

　　有幾件「務必要遵守的原則」。第一，絕對不要停下來，不停地寫下去。第二，不要刻意創造，或是檢查「這樣寫是否可以」。第三，完全忽略寫成文章或寫法。

寫心事
練習 5

用寫作看清自己的模樣

你想了解你也不知道的面貌嗎？請進行意識流動寫作。請這樣做。

1. 在下列兩種狀況當中選一種，並且寫一句話。
   現在你腦中浮現的東西（不管是什麼都無所謂）。／現在的聽覺或是視覺、觸覺、嗅覺、味覺感受到的東西。

2. 從以上那個句子立刻聯想到的東西之後，接著再寫下一個句子（時間是 15 分鐘，不要忘記「務必要遵守的原則」）。

3. 從以上第一句話讀到最後一句話之後，寫下在那裡看到的你的模樣或是你的問題（狀態）是什麼。

CHAPTER　01

嘗試「我的探索」的寫作

本我君與超我君

　　有只要在一起就很愉快的人，當然就會有只要相處 1 個小時就立刻讓人感到疲憊不堪的人。後者的代表類型是極端自我中心的人。這種人對別人的情況、狀態根本就毫不在意，只專注在滿足自己的慾望和利益，因此並沒有特別的煩惱。自我中心程度如果不是太嚴重，只要周遭的人稍微忍耐，就不至於構成太大的問題，這是受到本我控制的人們。

　　生活過得特別辛苦疲憊的人們，則是完全相反的類型，是對於自己極端嚴格的人，只要添了別人的麻煩就會相當自責，糾結於罪惡感。不管別人怎麼欺負自己，也沒辦法生氣，就算生氣了也立刻感到後悔，自責的怪自己看不開，這是被超我控制的人們。

　　根據精神分析學者佛洛伊德的研究，人有 3 種人格。本我君

（id）、自我君（ego）和超我君（superego）。本我君受到「快樂原則」的支配，像被寵溺的孩子般，想得到立即的滿足。本我君威力強的人，只忠於本能，完全不考慮到別人，成為「我要隨心所欲，不忍耐」自私自利的人。程度嚴重時，還有可能會做出反社會性的行為。

超我君則透過社會、文化、道德和規範形成的，是有「完美原則的」，他們模範且理想的行為就像宗教指導者。但是當超我君的威力過大時就會讓自己過得很艱辛，就好像有神在一旁監視，即使微小的失誤也不能忍受，過度地自制。他們被罪惡感所苦，或是動不動就責怪自己、總是看別人的臉色、經常感到疲憊。更嚴重的情況，甚至還會出現憂鬱症，或是出現自虐症狀。

幸好本我君和超我君中間還有個自我君，仲裁要「好好相處」。自我君基於「現實原則」，保持雙邊的平衡，並找出合理的解決方案。但如果不是身心健康的人，即便自我君多認真地調整，也很難找到平衡。

超我君的自制、本我君的衝動以及配合現實要求調整兩者的

自我君，讓我們好好地去理解在體內共存的這 3 種人格樣貌，是了解自我的道路。平時支配我的是本我君？還是超我君呢？自我君是否有正常發揮能力呢？

僅有極少數的人，能在本我君和超我君之間形成完美均衡。大部分是本我君和超我君其中一方發威，控制內心和行動。「我要隨心所欲的活著」這一類以自我為中心的人，會讓別人感到不舒服，而「要好好表現不犯錯」這一類的完美主義者，會讓自己過得太辛苦，這雙方偶爾都需要自我君的幫助。

呼叫自我君的最佳方法，是準備一張白紙和鉛筆。寫字是用理性的行為，將自我君放在中心，也就是說寫字可以徹底的觀看內在的本我君或超我君，找出適當態度和行動方式的工具，是無論何時何地都能嘗試「我的探索」的寫作。

當「我」無法被了解時，當「我」難過時，這是檢查內在本我君和超我君有用且簡單的方法。

當「我」無法被了解時，
當「我」難過時，檢查內心的聲音

你曾強迫自己不能做出讓別人不舒服、行動受限制的事？或者你的言行感受到過度的內疚感，承受了極大的壓力？ 或是完全相反，由於你沒有多加思索的言語和行為，讓身邊的人不愉快或是有壓力嗎？

如果從別人那裡聽到下面的話，請向自我君尋求建議。

- 總之，你只想到自己。
- 你太過求好心切，真的很累。
- 你的日子過得還真舒服。
- 不要過分忍耐。再忍下去可是會生病。

現在就拿起鉛筆，依序寫下你內在的本我君、自我君和超我君吧！

1. 你內在的超我君或本我君如何教你，你認為問題是什麼？
2. 你在人際關係中期待什麼？
3. 你內在的自我君會提出怎樣的解決方案呢？

了解自己是不是完美主義者

脫離完美主義的書寫

　　可以給一個人最棒的稱讚，同時又會成為不舒服羈絆的話語是什麼？我想應該是「完美」這句話。這一句讚美，除了充滿了快樂，還包含了「不要讓人失望」的負擔感。只不過不是他人的稱讚或期待，而是我們自己戴上完美主義的鍊子，牽著自己走。

　　儘管也有人會說「欸，我才不是完美主義者呢！」然而不是凡事嫌麻煩、無力的狀態時，每個人都有追求完美的時候。

- 下星期的發表，連一點小失誤都不容許。
- 其他的我不管，結婚典禮一定要特別又隆重到讓別人羨慕。
- 我們組至少要達到最好的業績。
- 不管有多辛苦，絕對不能展現出弱的一面。

　　這樣下定決心的背後，都隱藏了「要逼迫自我」的危險和

自我威脅。

　　以我的情況來說，不管是和別人的約定，或是和自己的約定，都有接近「一定要遵守和自己的約定」的信念鐵則。當我無法遵守這類的信念時，常會讓自己感到失望和自責，也會變成下個月或是明年一定要做到的執著。由於這樣的個性，偶爾會演變成令人哭笑不得的情況。

　　向隨口說「有空一起吃個飯」的人問「什麼時候去吃飯呢？」，就曾發生過很多次讓對方驚慌失措或苦笑的事。「有空一起吃個飯」這句客套話，對於改變我的信念發揮了極大作用，然而能放棄「若是客套話，乾脆不要說」的執著，就沒什麼大不了，也就能從容地接受這是「有空的話見面的客套話」。人們偶爾會沒有經過慎重考慮，就先隨意約定好。隨時保持放鬆的心態，接受當情況和條件不允許時，人們也可能無法遵守約定的情形。

　　不斷地強求別人過分努力是一種暴力，對完美太執著而讓自己過得不好也是一種暴力。另外還有一點要留意的是，想要變完美，在他人面前力求表現，也可能是下意識追求自我滿足的努力。

了解自己是不是完美主義者？

若想知道你是不是完美主義，請回答下列問題。

- 無論做什麼事，相較於享受過程，更執著於達成目標？
- 若不是 A+ 水準的成功，就視為失敗？
- 若無法做到最好，乾脆就不嘗試？
- 做的事不滿意時，就立刻放棄？
- 只要有不如意的一件事，就會生氣，毀掉一整天？
- 認為要給周遭的所有人好感？
- 即使是小小的疏失也感到痛苦難以忍受？
- 為了好好執行課題，經常嚴格自我鞭策？

若是有幾項符合，就應該將完美主義的項圈適時的鬆開一兩格。 為了追求完美，你平時會下定什麼樣的決心？

寫下文章，脫離違背 (或是背叛) 承諾所帶來的壓力、強迫和否定的情緒。舉例來說可以這樣寫。

- 不管有多辛苦，絕對不能展現出脆弱的一面。
  → 若不是運動比賽，或是賭上性命的事，就拿掉「不管有多辛苦，絕對」這個想法，給予愛我的人們幫助我的機會。
- 我們組至少要達到最優秀的業績。
  → 我要把面對最好的不安感轉換成全力以赴的充實感。

我想怎麼生活？

意

義

CHAPTER 02

省察過去的生命

請來參加我的葬禮

「請來參加我的葬禮」。

這句話是幾年前，我在 G 女中學校參加文學創作學系的演講時，給同學們當作實際練習的作文題目。主題靈感來自於 2018 年韓國 KBS 電視台的一個時事脫口秀節目播出的「請來參加我的葬禮」。在節目中，和死亡接近的老人們，與心愛的人們享受小型派對，分享最後的告別，這句話是為了舉行「生前葬禮」的邀請語。

一開始的目的是為了寫出特別文章，才給同學們出了意料之外的題目。當時我其實沒抱多大的期待。對於身體和精神上都處於旺盛成長期的 10 多歲青少年來說，葬禮，是多麼陌生的詞彙。我早就做好心理準備，可能不到 30 分鐘，就會聽到學生接連抱怨「好無聊喔」、「真無趣」。

　　然而過了一段時間後，我的好奇心慢慢地被激發。這些青少年，怎麼有辦法認真地寫自己的葬禮邀請函呢？結果真的每個人都很認真地在筆記型電腦前寫著邀請函。該不會是在寫生日邀請函吧？

　　我給同學們 2 小時完成邀請函。接下來讓每個人輪流朗讀自己寫的邀請函。其中大部分是以心愛的家人和朋友們為對象書寫的文章，同學們用少女少年發出的最真摯的聲音，一句一句接著朗讀。10 個人當中有 2 個人欣然的接受死亡，以幽默和風趣拜託要像慶典般紀念自己的葬禮。

　　其他人則說，現在才能了解和家人度過的幸福時光有多麼珍貴，回顧日常點點滴滴的回憶和無條件接受的愛，對於無法再見到他們感到心痛傷悲，由於不懂事的自私，沒辦法分享更多愛給家人感到心如刀割，對於無心留下的傷口也感到悔恨不已。至於對朋友們，則提到這段期間所分享的 10 世代的青春秘密、可愛的逃離、成長的痛苦、對未來的夢想，以及和自己共度的許多時光表示感謝，並拜託大家要記得自己。

逐一聆聽葬禮邀請函的文章，不只我一個人哽咽。朗讀的同學為了壓抑激動的情緒稍作停頓時，其他同學也一臉嚴肅的低下頭，或是摸著自己的物品。甚至還有人中斷朗讀，趴在桌上放聲嚎啕痛哭。我擁抱這位同學後，代唸邀請函，結果我也止不住淚水，最後只能宣告放棄，由其他同學代讀，這是讓大家都哭成一團淚眼汪汪的偶發事件。

　　只是出於單純的動機寫的「請來參加我的葬禮」，意外的打造了令人難忘、有意義的時光。它可以從容的檢視過去的時光，回顧自己，真誠地說出掏心掏肺的內心話，體驗精神淨化。我還領悟到一個事實，寫遺言的文章，不是想到死亡的文字，而是回到過去的時光旅行，這是省察生命的一段文字。生命並不容易，站在死亡面前的心情，從容的寫出遺言會怎麼樣？不會過於沉重，但卻帶著真實。

寫心事
練習 8

完成我的葬禮邀請函，寫下心中說不出的話語

明天，死亡的天使會來敲門。現在就準備 1 張白紙，完成你的葬禮邀請函。你只有 1 天的時間，在最後一天的生命裡，你要做的事，既不是種下 1 棵蘋果樹，也不是享受今天。你要問候來參加永遠告別的人們。第一句話就樣開頭「請來參加我的葬禮」。

寫下埋藏在心中說不出口的話語、對於過去日子的回顧、難以忘懷的事件、忘不掉的人們、一定要說的感謝問候、做不到的原諒與和解、生命中得到的教訓、活著的人要如何記住等等，不管是什麼話都好。

尋找生命的感動和洞察

想效仿的植物，想效仿的動物

　　我曾經收到為了讓環境、人類和社會充滿價值，而在全世界分送植物的社會創投企業「TREEPLA」用電子郵件寄來的植物故事。當我閱讀到一篇植物成長的相關文章時，對於在植物身上用「伴侶」這個單字感到非常認同，特別鮮明地顯示出一個生命體所展現出的本能、意志和生命的方式等等。我不久前收到龜背芋的故事，雖然很短，然而讓我感動到在胸前雙手合十。

愛和關懷的樹，龜背芋

　　你知道龜背芋葉子上為什麼會有洞？誕生於墨西哥青鬱叢林的龜背芋，生長在熱帶雨林的大樹下，依靠微量的光存活，為了讓微光均勻的分布在葉子上，葉子才有洞。

　　此外為了在瞬息萬變、風雨交加、惡劣的自然環境下存活，

以葉子撕裂的狀態下生長。龜背芋的外型就像有洞的起司，西方人稱之為「Swiss Cheese Plant」。它有在潮濕雨林深呼吸的習性，所以可以快速淨化有毒氣體。

龜背芋強韌的生命力，讓我們在室內也能輕鬆享受熱帶氣氛。每一片葉子都蘊含了愛與關懷，現在就來了解健康養植的方法。以下列出如何好好種植龜背芋的方法。

在閱讀這篇文章前，我從沒想過龜背芋葉子上的洞，居然蘊含了如此崇高的利他性和充滿智慧的生存策略。常見的室內空氣淨化植物龜背芋，在我眼中曾是既不美麗，也不算優雅的植物，而今卻覺得可愛。

以下是我把愛與關懷的龜背芋的故事抄寫在日記本上的想法。

「想要效仿。」
「想養養看。」
「原來要學習的對象不是人，也可能是植物或動物。」

之後我寫了簡短的文章，關於想效仿的植物動物。

麒麟花

　　仙人掌開的麒麟花，是一年長生花。當鮮紅瑰麗的模樣變成乾燥花，葉子寂靜的掉落之後，然後在他處綻放出新的花瓣，直到枯萎不再是花朵模樣，你絕對不會看見它醜陋的模樣。只需要少量的水，就能盛開出花朵，相當自律，帶有絢麗的理想。若是我的生活也是那樣，那會如何呢？

大象的鼻子

　　大象的鼻子結構非常複雜，移動時需要動用到 5 萬條肌肉。為什麼大象擁有發達的鼻子呢？自由自在伸長的鼻子，拿取食物是最基本的功能，但還有更珍貴的功能，就是愛護及保護兒女必備的「溫柔和強韌」。

　　撫摸小象時，大象的鼻子會變得出奇柔軟細緻。此外還能用驚人的力量移除小象面前的障礙物、灑水沐浴，還能發出訊號

告知危險。大象鼻子內蘊涵著對子女的柔軟和強韌，是不是很美麗？

觀察身邊的動植物，獲得生命的感動

請留意觀察家中養的陪伴植物和寵物，或是在電視裡和周遭所看到的動植物，就能發現令人意想不到的有趣事實。它們有獨特的生存方式和秩序、有獨特習性，甚至有獨特的個性和情緒。書寫和我們同等生命體的植物或動物所展現出來的驚人或神秘的生態吧。

延伸情緒的幅度，你可以從它們身上得到同樣適用於我們生命的感動或洞察。

從文章中帶給自己的感動和力量

只有我才能書寫的故事

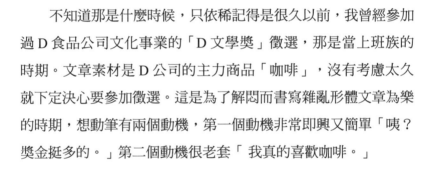

　　不知道那是什麼時候，只依稀記得是很久以前，我曾經參加過 D 食品公司文化事業的「D 文學獎」徵選，那是當上班族的時期。文章素材是 D 公司的主力商品「咖啡」，沒有考慮太久就下定決心要參加徵選。這是為了解悶而書寫雜亂形體文章為樂的時期，想動筆有兩個動機，第一個動機非常即興又簡單「咦？獎金挺多的。」第二個動機很老套「我真的喜歡咖啡。」

　　我幾天內就寫滿了 30 張稿紙，逐字逐句修改又修改後寄出的文章得到佳作。當時的我以莫名的「自負」期待能晉升前三名，想當然非常失望「我的文章得到佳作，那麼第一名究竟寫得有多好？」不久後我收到得獎作品集，讀完第一名作品後，不得不用雙手摀住漲紅的臉。

　　第一名的主角是在家庭手工作業廠工作的勞工。

　　他喝咖啡的理由不是「咖啡的滋味和香味是其他東西無法取代的」，也不是「一杯咖啡能享受到日常悠閒和小確幸」這類的陳腔爛調，簡單來說，是「為了賺錢」而喝咖啡。白天喝是為了驅趕純粹勞動的無聊感，晚上加班時喝是為了趕走睡意，所以泡咖啡過日子。對他而言，咖啡是生存必須的食物。一天要喝好幾次咖啡，是勞動的能量來源。其他關於咖啡任何詩情畫意的事，就是即使為了喝咖啡也可以不舉行婚禮，相比之下巴赫《咖啡清唱劇》的歌詞都感覺平淡。一個勞工「喝咖啡的理由」是如此虔誠又強烈。

　　用平凡且淡泊的文章展現孤單手工業勞工的生活，讓這篇咖啡故事帶來「難以言喻」的感動。我的故事是關於職場同事在早晨喝咖啡的快樂，這種虛有其表的文章，能得到佳作已經是過譽了。我出於膚淺的動機寫的文章，得到的不是佳作的獎金，而是了解到一個重要的事實，那就是打動讀者的核心，並非生動包裝的完美文章，而是閃耀的真實性！這是身為愛寫作的人 18 年來領悟到的事實。寫文章最大的武器，不是文章力，而是真誠性。

　　從首獎的文章中得到最大慰藉力量的人是誰呢？

我確信就是忙中抽空寫文章的那個勞工。或許他不是看到 D 文學獎廣告後才第一次提筆寫文章，而是每當加班回到家再次用咖啡趕走睡意、勤勞地寫著日記再入睡、誠實又優雅的勞工。對於這樣的人，我想送上 10 個驚嘆號表示感謝。

寫心事練習 10

寫下苦悶的日常，給自己力量

你有專屬於戰勝生命之苦的故事嗎？對寫作沒自信、連坐在書桌前的念頭都不曾有過嗎？準備重要的寫作物品，拿出真摯誠懇，就能寫出超乎想像的好文章，再加上這類真誠的文字，會讓文章看起來挺不錯的。這就好比重視食物風格的廚師，花心思在客人健康的廚師所烹煮的食物，讓人更想吃，也更值得信賴。

對稍微費力的生活，苦悶的日常，寫出帶有真誠的文章吧。從寫下坦率直白的文章中得到感動與力量的人，就是你自己。

說出內心深處的話語

10 年後的我寫信給現在的我

　　周末晚上若沒有特別活動，我就會收看 EBS 電視台的電影節目。周六晚上的「世界的名畫」和週日晚上的「韓國電影特選」，對我而言是毫無負擔能收下的免費禮物。

　　前年中秋節看的電影《陽光姐妹淘》，即使曾在上映時觀賞過，但是沒有理由不再次收看這部充滿復古潮流的活潑開朗七公主的故事。

　　所有的電影都有令人印象深刻的畫面，《陽光姐妹淘》與我高中時期重疊，有好幾個畫面停留在記憶中。其中一個畫面是長大的奈美，觀看學生時期和陽光姐妹淘們一起拍攝的影片——「寄給未來的自己的影音郵件」。

　　長大的奈美看到 30 年前的朋友們認真又帶一點開玩笑地想

像自己未來的模樣，雖然嘴角微笑著，但眼角泛著淚光。影片裡也有高中生奈美的臉龐。

妳好，未來的奈美？我是高中生奈美。嗯…… 很高興見到妳。嗯……妳應該會成為畫家，啊，上大學後應該會成為音樂茶坊的DJ。啊啊！我還想做那個！我想成為漫畫店老闆，還有幫大家免除遲還的罰款，啊！對了，還有那個。我真的，我真的長得很像蘇菲·瑪索（一旁的大家一起說『才沒有呢！』）怎麼這樣（笑），我覺得我長得很像蘇菲·瑪索，所以我以後要拍電影，還要當美艷動人的藝人。啊！我還想當舞蹈手……

看到以前純真的語氣、表情、活蹦亂跳的夢想們，奈美回想起遺忘已久的自己，也感受到不是身為家庭主婦和母親的任奈美，而是身為人類奈美的解放感受。事隔8年第二次收看的電影《陽光姊妹淘》，宛如初次在電影院收看一樣，讓我的嘴角微微上揚。

我曾在地區兒童青少年中心擔任志工，輔導中學生。每周進行不同的輔導內容，將焦點專注在孩子們的心靈、感情和情緒

上，並且以美術、電影、文學結合成藝術遊戲計畫。但是大部分無法如預期般吸引孩子們，由於地點是代替私立補習班的活動中心，再加上是和立刻就要分道揚鑣的志工老師一起進行的計畫，若不是特別有趣的內容，除了少數幾個人以外，沒有人太認真參與。

當然也有意外的反應和結果，帶來感動滿盈的日子。其中印象最深刻的計畫是「來自未來的信件」，是以電影《陽光姐妹淘》「寄給未來的自己的影片信件」相反時空寫信的活動。

我先分發在文具店挑選的絢麗信紙，要大家寫「10 年後的我寄給現在的我的信件」，我其實沒抱持太大的期待「只要孩子們不要搗蛋或不配合就好了……」。然而經過暫時的騷亂後，在柔和的音樂背景下，孩子們全神貫注在寫信上。雖然大家有速度上的差異，但似乎不是隨便亂寫，而是經過深思熟慮。大約過了 1 個小時，有 9 封信擺放在我面前。由於孩子們異口同聲的要求「希望老師可以獨自看」，對自己誠心誠意寫的信感到害羞，所以課堂上沒有發表這些信。

回家後閱讀孩子們的信，我對 9 個孩子們充滿感謝。

從現在起認真念書，不要因為人們隨口說的話而傷心，練習什麼都不想接受。你也努力不要對別人造成傷害……成為多替別人著想的我。

要是能實現當警察的夢想那就太棒了……要是太辛苦了，放棄也沒關係……你在各方面都很優秀，無論是什麼都能做得很好……我愛你。

你好，過去的我。你有很多艱辛的時刻。我對於你心花怒放的時刻，悲傷的時刻，全部瞭若指掌……我現在打工準備成為YOUTUBER。即便辛苦的事多到數也數不清，但希望你能努力朝前邁進。好好過日子，多結交一些朋友。

首先我要跟你說對不起。每當事情不順利時，我總是自責，貶低自己。重複這樣的惡性循環，我貶低的自尊心……希望我能經常愛自己。

　　這是我摘錄自幾封信的內容，當時深刻的感受烙印在我心中。即使他們看起來和同年齡的孩子們沒有兩樣，然而有一些家境困難的孩子是傷痕累累，或是非常自卑。寫親筆信給別人，雖然能夠整理情緒，但自己寫給自己時，更能說出內心深處的話語。不是因為他們是孩子，而是只要身為人都會有這樣的心情。

寫心事
練習 *11*

寫下「來自未來的信」，說出內心深處的話語

用 10 年後的你對現在的期待，寫下「來自未來的信」。

種下未來的夢想

爲了未來的種子文章

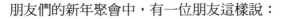

朋友們的新年聚會中，有一位朋友這樣說：

「迎接今年的心情如何，大家輪流說一句話吧！」

大多是平凡的回答：

「沒有特別的感覺」

「因為是新年，從 1 重新開始的心情吧！」

「又老了 1 歲！」

接下來 S 朋友無心說的一句話，還有我毫無根據說的話，大家都沒有特別多想什麼就這樣帶過了。S 說「是因為我今年運氣不太好嗎？我的心情不太好。」，我說「不知道為什麼，今年感覺似乎會很忙碌。」

是偶然嗎？這一年就如同 S 和我那天預言的一樣。S 健康欠

佳，過得很辛苦，我則是工作運爆發，一整年忙得不可開交。

2009 年 MBC 韓文日特集播放的紀錄片《語言的力量》中，曾提到受矚目的實驗內容。內容是偵測參與的實驗者，從等待室前往實驗室的腳步，以及結束試驗後從試驗室返回等待室的腳步變化。從實驗室到等待室的距離是 40 公尺。12 名男女分組進行實驗，不對參加者說出實驗目的，只說是使用 30 張單字卡造句的語言能力測驗。叫 A 組用聯想到老人的單字造句，叫 B 組用聯想到年輕人的單字造句。

真正的實驗其實是從該實驗結束後返回等待室開始。製作小組躲起來測量參加者們從等待室走到實驗室的時間，等實驗一結束後，測量參加者從實驗室走回等待室的時間。結果 A 組的腳步，實驗後比實驗前平均慢 2.32 秒。反之，B 組則平均快 2.46 秒。根據自己使用的單字內容，連自己都沒察覺到變得情緒低落，或是相反地感受到活力。

初次進行這個實驗的耶魯大學約翰·巴奇（John Bargh）教授這樣說道。「出現某個單字，腦的特定部分受到刺激，做好要

做什麼的準備。」腦記憶我們說過的話，腦記憶的話支配我們的行動，因此帶來截然不同的結果。我們說的話，或許對人生有決定性的影響。

2012 年 EBS 電視台「DOCUPRIME」的實驗發現，人們會根據接觸到的語言而展現出截然不同的行為模式。例如跑步途中不小心和別人碰撞時，得到有禮貌、關懷和肯定話語的孩子們，會擔心對方，或是向對方道歉；得到無理、傲慢和否定話語的孩子們，則會氣憤或不耐煩。

關於話語的各種實驗告訴我們，說不同的話會得到迥然不同的結果。「我總是和別人有糾紛。」、「我做的事都不順利。」、「像我這種人不會有好運氣。」這些話無疑就像在預言不幸的未來。然而我們沒有必要忽視已經在各種實驗中證明的事實吧！

寫下種子文章，人生會變得不同

為了想經歷生活中的內外情況、渴望的明天、想抵達的未來，
請寫下種子文章，並且隨時把這些文章拿出來讀。

在日常艱辛時

守護自己

現

實

CHAPTER 03

獲得超越想像的力量

送給自己的一篇文章

　　我偶爾會送禮物給自己。有時是清新的衣服或飾品，有時是 Prismacolor Premier 色鉛筆或是設計獨特的貼紙文具用品，有時是擁有法國麵包師資格證的職人製作的拳頭大小的蛋糕或餅乾，有時是在中古賣場挑選的俄羅斯望遠鏡等這類獨特的物品。當我獨自做這種事時有種錯覺，彷彿自己能成為挺不錯的人。不，實際上我覺得這樣的我還挺帥氣的。

　　在我送給自己的禮物當中，有一種是不用花一毛錢的，那就是贈送給自己的教養文章。每當自尊心跌至谷底、憂鬱成疾，或是毫無慾望時，就寫一句話送給自己。這樣一來，就能感受到像穿上清新衣服般的微小悸動。

- 我是我的花朵（有一陣子我只要將這句話握在手中就能獲得力量。）

- 就算感到憂鬱，也優雅地前進吧！如同電影《花樣年華》的節制和留白。
- 最終我是那種選擇「去做」，而非「不去做」的人，休息一下，再接再厲吧！

　　用這些句子轉換我的情緒，改變想法後，也會改變行為。送給我自己的一個句子，或許就像綻放出花朵的種子般，擁有超越想像的力量。

寫心事
練習 *13*

寫一個句子送給那樣的自己，擁有超越想像的力量

你曾毫無理由感到憂鬱，或是心情跌到谷底嗎？寫一個句子，然後用炯炯有神的眼神送給自己。

生命 180 度轉變

不要問「爲什麼」，而是問「什麼」

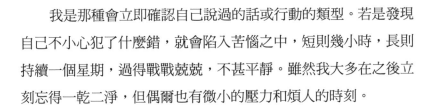

　　我是那種會立即確認自己說過的話或行動的類型。若是發現自己不小心犯了什麼錯，就會陷入苦惱之中，短則幾小時，長則持續一個星期，過得戰戰兢兢，不甚平靜。雖然我大多在之後立刻忘得一乾二淨，但偶爾也有微小的壓力和煩人的時刻。

　　一般而言，回頭看覺得「過去的事就過去了，無可奈何」，但偶爾會耿耿於懷一陣子。

　　一年前我才學到了一個好方法。我收看了一個由全世界擁有優秀靈感的人發表多元主題的節目——TED 演講。美國組織心理學學家塔莎・歐里希（Tasha Eurich）以「透過一個簡單的改變提升自我意識（Increase your self-awareness with one simple fix）」為主題，熱情洋溢的演講，她的熱情就如同那天穿的紅色套裝。

　　塔莎・歐里希（Tasha Eurich）研究「真正自我覺察意味著什麼」，結果發現人類區分為「自我覺察」的兩種類型。第一種類型是「自認為非常了解自己的人（內在省察的人）」，第二種類型則是「實際上非常了解自己的人」。

　　那麼在這兩種類型當中，哪一種人更容易受到壓力，有憂鬱的傾向呢？出乎意料之外，是第一種類型。怎麼會是內在省察的人呢？這簡直令人難以置信。根據塔莎・歐里希（Tasha Eurich）的說法，相較於不自我省察的人，他們更容易在得到壓力後變得鬱鬱寡歡，且對於自己的事、人際關係或周遭環境感到不滿。再加上只要覺得憂鬱，就會自問「我為什麼會這樣？」想得越多就越悶悶不樂，導致情緒跌入谷底。接著有可能被監禁在自己打造出的精神地獄裡。

　　塔莎・歐里希（Tasha Eurich）明確說明該理由「這是因為問錯問題了」。我們常回頭看自己，常反問自己「為什麼」。「我為什麼會說這種話呢？」、「為什麼我的發表不夠好，只能做到這樣？」、「我為什麼無法和那個人親近變熟？」這樣的方式錯了。那麼只要修正一件事，就能得到答案，把「為什

麼（why）」改成「什麼（what）」。舉例來說，不要問「我的心情為什麼這麼糟？」，改成「是什麼情況讓我的心情變成這樣？」，不要問「為什麼我的主管和我水火不容？」，而是改成「要做什麼才能得到主管的肯定？」，這樣就能解決問題。

- 為什麼偏偏是我？ → 目前對我而言，最重要的是什麼？
- 我為什麼沒有自信？ → 若要產生自信，我應該要做些什麼？
- 為什麼這種事會發生在我身上？ → 從現在起，什麼是我該做的事？
- 我為什麼成績無法進步？ → 什麼是讓成績進步最有效的讀書法？

塔莎・歐里希（Tasha Eurich）分析數萬名關於自我省察方式的資料，結果顯示，真正好好地省察自我，徹底了解，肯定運用的人，問自己的問題，常用「什麼（what）」這個單字，比「為什麼（why）」這個單字多出 10 倍。

收看塔莎・歐里希（Tasha Eurich）演講的那一天，我正糾

結於「為什麼」的問題。「為什麼我會是這個模樣？」總是和媽媽意見相左，在爭吵過程中說一些不中聽的話，然後結束通話不歡而散。對我而言，母親是世界上最酷最不會記仇的人，我對出言不遜的自己感到惱火。根據塔莎‧歐里希（Tasha Eurich）的建議，用「什麼」取代「為什麼」，我問自己下列問題「有什麼方法可以挽回說錯話造成的尷尬呢？」這樣想之後，得到明確答案，心情也就變輕鬆了。用「什麼」取代「為什麼」的那一瞬間，生命也能 180 度轉變，然而即使不是如此，是不是也能成為比問「為什麼」時，更合理又更聰明的人呢？

寫心事
練習 14

將「為什麼」轉換成「什麼」，心情也就變輕鬆了

關於近來後悔或難以理解的事，將「為什麼」的問題，轉換成「什麼」的問題，找出答案後寫下來。

或是將你平時習慣自問的「為什麼」問題，轉換成「什麼」的問題，找出答案後寫下來。

很有效的壓力管理法

15 分鐘內振作起來

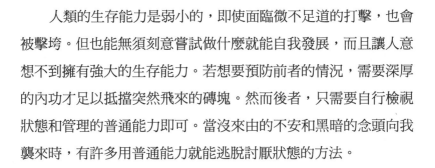

　　人類的生存能力是弱小的，即使面臨微不足道的打擊，也會被擊垮。但也能無須刻意嘗試做什麼就能自我發展，而且讓人意想不到擁有強大的生存能力。若想要預防前者的情況，需要深厚的內功才足以抵擋突然飛來的磚塊。然而後者，只需要自行檢視狀態和管理的普通能力即可。當沒來由的不安和黑暗的念頭向我襲來時，有許多用普通能力就能逃脫討厭狀態的方法。

　　美國網路醫學期刊「WebMD」的泰勒・威樂（Tyler Wheeler）醫生，在「壓力管理」項目中和幻燈片一起介紹的文字是「15 分鐘內讓心情好轉的方法。」15 種項目，用簡單的行為就能取得效果的方法，能當作管理壓力的有用技巧，因此我想和各位分享。

　　1. 讓內心清空。／2. 外出消磨時間。／3. 笑吧！／4. 回想

喜歡的事物。／5. 希望周遭的人過得好。／6. 散步吧！／7. 演奏
樂器吧！／8. 去做拖延已久的瑣碎的事吧！／9. 和其他人聯絡。
／10.吃營養豐富的點心。／11. 行善吧！／12. 伸展吧！／13. 和朋
友或家人擁抱吧！／14. 對自己說鼓勵的話語吧！　／15. 傳遞感謝
的文字吧！

　　若不是凡事悲觀的人，就不會追問「真的有這麼簡單嗎？」
只要有些許的意志力，沒理由不去做。每天挑一兩個項目執行，
就能優異地進行壓力管理。我強烈推薦其中的2種寫作療法：「回
想喜歡的事物。」和「傳遞感謝的文字。」每個項目附加說明，
簡單明瞭，讓人想去實踐。

　　提起筆來將今天喜歡的事書寫在筆記本上。關於你想得到
的良好關係，順利的事，還有你生活中正面積極的部分，和事件
大小無關，將你立即浮現的念頭寫下來。**嘗試去做的人，在書寫
的期間心情變好了，**也不再執著於壓力的來源。另外還有個好消
息，這樣做幾乎不花什麼時間。

　　寫下感謝的話語給幫助你的某個人。對於最近對你釋出善

意，送生日禮物，或長期支持你的人表示謝意。根據某個研究，實際書寫感謝信的人，會被訓練成對自己更加感謝。

除了以上 2 個項目外，「對於自己說鼓勵的話」也能放入寫作療法中，成為有用的方法，是 15 分鐘內讓心情變好，CP 值挺不錯的壓力管理。

寫心事練習 15

書寫感謝文，15 分鐘內心情變好

回想最近令人雀躍的事，回想擺放在記憶櫃裡的事件。那是怎樣的事件，你有怎樣的感受？在 15 分鐘內書寫，中間不要停下來，根據你的想法寫下來。

最近對你釋出善意的人，送你禮物的人，給你禮物般讓你感動的人，替你加油的人，相遇就能帶給你力量的人，書寫感謝信給這些人。還能傳簡訊，或是寄送便條紙、紙條，向這些人表達感謝。

湧出源源不絕的能量

發掘感謝的文章

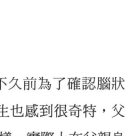

　　我的父親在 5 年前被診斷出失智症。不久前為了確認腦狀態是否有轉變，拍攝了 MRI 。結果就連醫生也感到很奇特，父親的狀況並沒有惡化，幾乎和 5 年前一模一樣。實際上在父親身上幾乎看不到失智症初期的各種異常症狀。雖然不能期待他有清晰的思路和良好的自我管理能力，但他至少還維持了能基本溝通的認知力。反倒是之前激烈的個性消失了，他變得像個溫馴的孩子。

　　相較於失智症，更令人憂心的是他急劇衰退的身體機能。父親的脖子椎間盤和脊椎狹窄，導致右手無法順利操作，右腳也逐漸衰弱無力。現在他連拐杖都不能用，要仰賴帶輪子的助行器，才能在房間和客廳行走。上廁所則成了棘手難題。父親無法自理的大大小小事情，全部都由母親來承擔。

父親年事已高，不考慮動手術。他能做的只有推著助行器在家裡走來走去，培養腿肌力。我們一家人曾經考慮過將他送去療養醫院或療養院，不過卻因難以承受分離的痛苦，於是下定決心，全家人齊心協力幫助父親訓練。

我每週會回家一兩趟，帶著父親喜愛的手工漢堡或冰淇淋。即使是短暫的時光，父親也喜歡聊天、做運動，揉揉手臂。臉上露出像孩子般的神情。他似乎感受到平時不怎麼親切的女兒偶爾也會用心。這是令人揪心的時刻。然而想到父親能維持目前的狀態（實際上狀態逐漸惡化中），就是我們能期待的最好局面，我在回家的路上步伐變得沉重，還要刻意不去想那些尚未發生的事情。

恰如用雙臂才能艱辛支撐的辛苦時光，感到心累的某一天，我在整理房間時發現了素描本。本來是先前打算用彩色鉛筆畫畫才買的，不過還跟新的沒兩樣。在責怪自己沒毅力之前，我突然靈光一現。我在硬挺的素描本上開始寫下那天「感謝」的事。所有情況都不太樂觀的日子，卻想到令我感謝的事。共有四件！

- 雖然父親的手臂、腳、手持續疼痛，卻說「不痛」，盡力保持風度，謝謝你。
- 對於女兒說不要拖著右腳走路，抬起腳的叮嚀，回答說「朴仙姬，走開，去中間」然後把腳往前伸，試圖逗我開心的父親，謝謝你。
- 在生命的盡頭，不管有多痛，都像孩子般嶄露開朗帥氣笑容的父親，謝謝你。
- 我生平第一次幫別人剪手指甲和腳趾甲。當我剪著父親長長的手指甲和腳趾甲時，心中有無限感嘆。感謝永遠留在記憶中的畫面。

將寫好的文章讀了幾遍後，就有源源不絕的能量湧出。產生了優雅的力量，無論任何時刻都不驚慌失措。當時從容沉著的感受，真的很棒。縱然我早就知道有「感謝日記」的存在，然而親自嘗試後，才體會到確實的成效。

有時候不小心忘記，跳過幾天沒寫，但是在那之後我持續在素描本上寫下令人感謝的事，以發掘的姿態檢視每一天，就算只有一件事，也會跳出來說「在這裡」，猶如神秘的 good things

一樣（參考第 9 章「維持幸福感：每天 3 件好事」），我每次都能深刻體會到。寫作是多麼有價值的一件事啊！

寫下感謝日記，獲得源源不斷的能量

仔細地檢視你的今天。找出令人感謝的事，寫成文章。

當作日常能量來源的工具

追星寫作

　　那是在 G 藝術高中演講時的偶發事件。每個學期中旬和期末都有寫一篇短篇小說的功課。雖然學生們有正規課程和主修並行的沉重負擔，不過幾乎大部分的人都完成了發揮寫小說的特異功能。甚至還有個同學熬夜寫了 50~60 張稿紙繳交，以至於當天上課時陷入昏睡狀態。能這樣一口氣趕出作品的能力令人嘖嘖稱奇，當然完成度也不是什麼大問題。

　　這個偶發事件始於 D 學生的作品。D 的小說內容創新，有別於其他學生的作品，然而問題是該作品和 D 平時的文筆有明顯的差異。讓人不由得讚嘆「這就是所謂的完美變身！」但是我曾堅持的原則，卻在當時處於被動搖的危機中。小說的三個主角，是男子偶像團體 S 成員的名字，我無法排除疑慮，懷疑或許是 D「複製（ctrl+c）」了同人小說（fan fiction）。

我在網路上仔細查詢同人小說，閱讀這些作品後，差點就成了男子偶像團體 S 的粉絲，最後我通過了困難的入會測驗，取得 S 同人小說論壇會員資格。為了避免遭到管理員懷疑，我取得小姪子的同意，借用了他的身分證號碼。我將同人小說作家的作品，從頭到尾逐一點選閱讀後，才做出決定。我坦白地問 D。因為我在網路上找不到 D 交的小說。

令人欣慰的是 D 理解我的疑慮。我盡可能有說服力地說明我的立場，然而若能用不帶權威的目光看待，有時孩子們比成人還寬容，甚至更有彈性。

總之和 D 談完話，我下的結論是會「相信 D」。由於我不當的驗證性偏見，忽略了在 D 的其他文章中也能偶然發現的亮點，我沒有弄清楚在藝術高中文學創作寫的文章和同人小說是全然不同的這個事實。

但是這並非我相信 D 的決定性關鍵。D 是男子偶像團體 S 的忠實鐵粉，從他們身上得到了活下去的力量。「追星」的行徑和閱讀同人小說，是用來戰勝複雜家庭故事和陰鬱現實的方法。

和他聊天之後，內心哽咽的反而不是 D，而是我。痛苦啊，請從
這個孩子身上退散吧！之後我常對 D 耳提面命地說「D 啊，保
護你的武器是寫作。千萬不要忘了這件事。」D 害羞地回答說「我
知道了」。我認為 D 需要的不是為了獲得寫作大會獎項的文章，
而是關於熱愛明星的追星寫作。寫多少，就有多幸福。

　　和 D 的偶發事件後，我常這樣想，若有特別吸引自己的東
西，是不是可以成為粉絲，經常書寫相關文章呢？讓幸福的氣息
源源不絕地湧出，成為朝氣，就像 D 一樣。若沒有喜歡到瘋狂
的東西，那就製造一個吧！

　　樹木、紙張和鉛筆、紅酒、陽光、黃色、推理小說、棒球、
公仔、貓咪、走路、韓國演歌、爵士樂、某個演員或歌手、女兒
或兒子……無論是什麼都無所謂，找出「最愛」的對象，開始寫
追星文章，當作日常能量來源的工具。

寫心事
練習 17

寫追星文章，得到力量

對你而言，什麼是隨時能成為快樂和愉悅的對象？

若是你還沒有想法，那試著找找看吧！就算還不到「痴狂」的
程度也無所謂。對於感受到魅力的事物傾心，就會產生越來越
喜歡的心情。

用沉迷喜好的心情寫文章。即使有點誇張也無所謂。只要書寫
時能得到活力，產生力量，那就夠了。

能量再度上升

「重新開始！」的文章

　　「為什麼沒有期待的結果？」，費盡心思「連靈魂都獻上了」，然而結果卻差強人意；想一展長才發光發熱，卻心有餘而力不足 ；或是明明已經全力以赴了，卻逐漸失去關注的目光。此時就像超速運轉的腦袋和忙碌的身心要求罷工，失去了慾望，只有壓力逐漸累積，甚至還空虛到反問自己到底在做什麼。

　　我也因為內心不夠堅固，在這種情況下變得特別脆弱無助。當簡單的期待消失時，立即感到疲憊不堪，也想拿出放棄的卡牌準備舉白旗投降。而且不懂得向別人求助，獨自默默承受，造成身體病痛。

　　至於不輕易投降的理由，我想是因為找到了發展自我的話語，彷彿在只有一顆電池的狀態下開啟電源，或是在酷暑炎熱時飲用一杯芒果果昔，比如這些能帶來新能量的句子：「倒下的狀

態也不壞。休息一下，就會產生力量，準備好站起來。」、「不能當 A，那就當 B。丟棄壞掉的鉛筆，削一隻新鉛筆吧！」寫下這樣的句子，就能讓煩悶的心情豁然開朗。

世界知名的男子偶像團體 BTS 防彈少年團成員中的大哥 JIN，他在「對自己說的話」中，也有不錯的範例。JIN 成為偶像是在 20 歲時，他以稍長的年紀在馬路上被挖角成為練習生。JIN 在唱歌和跳舞方面並沒有特別突出的才華，僅以優異的外貌就被選上，他在出道初期承受了相當大的壓力。

和其他具有優異天賦的 5 名成員不同，他一切都要從頭開始學習。就連睡覺都夢到自己練習時不專心，夢話都是「對不起，對不起」，讓人足以猜想到他有多大的壓力。他連跳舞都跟不上節奏，練習很長一段時間才勉強跟上動作，甚至被大家取了「彆扭的 JIN」的綽號。

但是 JIN 在強烈的壓迫感和壓力下，擔任團裡的大哥，負責帶動氣氛，還將弟弟們照顧得無微不至，而且在別人看不到的地方加倍努力練習，度過了「血汗淚水」交織的時光，過了幾年後，

他被其他成員們評為「成長最多的人」。這是因為他是個像太陽般閃耀發光的人，所以才有可能嗎？他以始終如一開朗模樣的微笑，和某個成員真摯的談話中透露的心事，讓粉絲們感到心疼不已。

「我總是想展現出開朗輕鬆的模樣，然而我卻常常莫名憂鬱。我只是努力讓別人看到開朗的模樣。」他對自己說的話，讓這樣的他像吃了能量棒，能量上升。

- 你的辛苦你自己知道就好了！
- 忍耐 1 件事可以得到 2 件好事，忍耐 2 件事可以得到 4 件好事。
- 不要太過度裝飾，不管什麼都要適合我。
- 與其過度催促（自我），偶爾稱讚自己也是個良好的學習方法。加油。

JIN 為了成長隨時都自我鼓勵的態度，讓我萌生了「想效仿」的念頭。

近來代辦事項堆積如山，頸肩僵硬的我，因為「就試試看吧！總之我非做不可」這一句話放鬆心情。

寫出讓你充電的句子

不管什麼事，都沒有信心執行到底嗎？不管多努力都不被人看見，自信心跌至谷底？朝著目標全力奔跑，但是成果卻微不足道？寫出讓你充電的句子。即使只有一句話也好，兩句話也好，越多越好。

減輕痛苦的處方籤

名叫「先停下來！」的手冊

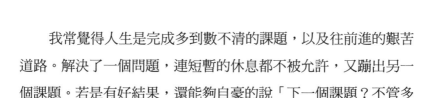

　　我常覺得人生是完成多到數不清的課題，以及往前進的艱苦道路。解決了一個問題，連短暫的休息都不被允許，又蹦出另一個課題。若是有好結果，還能夠自豪的說「下一個課題？不管多少都做得到」，不過這種情況很罕見。

　　人生苦澀辛酸的時刻多過於甜蜜的時刻。遇到難關時，使出渾身解數，然而若沒得到相符的成果，就彷彿沒有指南針，隻身處於沙漠荒野中。

　　現在看到我的父親身處生命的盡頭，經歷某種過程，朝著死亡緩慢地前進。我太晚才對於這樣的父親爆發濃厚愛意，也領悟到這是我唯一也是最後盡孝道的機會，雖然有些生疏，而且我能做的事也不算太多。

每星期定期回家 2 趟，每次不忘記外帶父親熱愛的手工漢堡，思索什麼可以幫他解悶。例如按摩父親因椎管狹窄症和頸椎間盤突出疼痛的手臂和手；拉高嗓門和聽力減退的父親對話；在素描本上寫作；視訊通話；將雙手放在頭上比愛心；送出「我愛你」的訊息。

　　不過「不知道還能再做些什麼」的想法隨時向我逆襲而來。每當這個時刻，我就拿出足以當作盾牌的文章。舉例來說，「總之只專注在現在才能做的事情上！」這樣一來我會變得樂觀一點，再次產生逃脫的力量。實際上辛苦的差事都由母親一手包辦了，我只能用這樣的文章稍微減輕痛苦。

　　不久前我開始隨身攜帶手掌大小的手冊。這是不知為何莫名執拗時，視線消失般茫然無助時，疲累到彎腰駝背時，暫時停下來寫一句加油話語的手冊。這本手冊的名字叫做「先停下來」。只有一句話，兩句話，卻屢次見效。過了有效期間，就會寫下其他加油的話語，累積立即處方籤。

寫心事
練習 *19*

抄寫煩心事，立即減輕痛苦

現在什麼事讓你感到疲憊？或是日常困擾你的問題是什麼？寫下足以當做處方籤的文字，給遇到這些煩心事的你。並且抄寫在每天攜帶的日記或記事本內，1 天拿出來看 3 次。

消除負面想法

更換內心的鏡頭

　　父親的健康狀態突然惡化，已經到了該打聽療養機構的時刻，悲觀和絕望突然向我襲來，令我難以招架。早上貼在眼睛周圍擦拭眼淚的面紙才剛晾乾，又開始繼續哭泣。父親人生最後的一章，或許是以苦難告終。相較於父親害怕一進療養院或許永遠都回不了家的恐懼，相較於母親害怕在家照顧父親沒力氣無法勝任的痛苦，相較於這些，令我不知所措的是，我還沒完整的愛過就要離別。

　　家人們齊心協力決定放棄將父親送至療養院的念頭後，我更換了內心的鏡頭。這算是自我催眠嗎？我看著父親，開始反過來檢視自己的感受。

- 看到父親由於右邊手腳痲痺，吃飯時左手的食物流下來，我的心好痛。→ 父親用左手吃飯的技巧越來越好了。至少

還有一隻手可以用，實在太好了。

- 父親依靠步行器在家困難行走運動，神似不斷將岩石塊推向山頂的普羅米修斯。速度越來越緩慢，腳的狀態也逐漸惡化。→父親雖然找各種藉口不運動，然而還是撐著步行器起身，這代表他有意志力。

- 聽力衰退的父親，若不提高音量，就無法跟他溝通。打電話則完全不可能。→學習電影《愛是您·愛是我》將文字寫在紙上，就算只能視訊通話，那也很好。

- 父親不知為何變得難以伺候，常用「不吃」、「不需要」、「不要」等否定的單字，讓我內心很不好受。→明確的表達喜歡或討厭，就代表人還沒變傻。更何況那也不是每天發生。

更換了內心的鏡頭，我以另一個角度觀看、另一個角度解析的能力為傲。抄寫我反過來看事物的筆記本，之後可以面帶微笑回想和父親的時光。

有一天我和母親帶父親去醫院，想紀念和變成小孩的父親一起度過的一天，就像把紀念照片放在復古相框內，仔細的用文字

記錄，最後畫下驚嘆號，讓艱辛的時光變成有如露珠凝結的早晨閃耀著美麗。我抄寫後面的部分如下：

　　像張國榮般帥氣又聰明過人的父親，現在變成沒妻子幫助就無法生活的依賴型老人。若沒有別人幫忙推著帶輪子的助行器或輪椅，就連短程的移動都做不到，但是他面帶微笑的模樣，卻比任何時刻都美好。感謝可愛的失智症。從醫院回家的路上，我推著輪椅，媽媽在我身旁擔任聊天的夥伴。耳朵重聽的父親，拉高了嗓門回話，笑呵呵開心得像個孩子，像出門郊遊般，心情愉快的父親……母親和我也配合父親的心情，興高采烈地走在路上。神哪！請讓父親維持現在可愛的狀態，不要讓母親太勞累。

寫心事
練習 20

用不同的角度解讀事物，消除負面想法

由於無能為力的事而經常垂頭喪氣，或是有負面的想法嗎？那就更換內心的鏡頭吧！寫下當你這樣做之後，以不同的角度看待解讀的事物。

得到意想不到的慰藉

跟擬人化的「我」對話

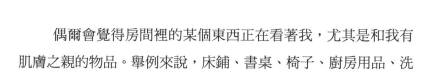

　　偶爾會覺得房間裡的某個東西正在看著我，尤其是和我有肌膚之親的物品。舉例來說，床鋪、書桌、椅子、廚房用品、洗衣機、花盆、鏡子、電腦、衣服或背包、帽子或鞋子。

　　幾年前曾經遭受過晴天霹靂般的事件而「精神崩潰」，導致日常生活有一段時間完全停擺。當時我什麼都不想做，躺著的時間比坐的時間還多。有一天當我躺在床上，聞著床單的氣味還這樣想「可能只有床鋪才了解我。」每天晚上陪伴我的床鋪，宛如值得信賴的伴侶。我還曾想像變成床鋪的伴侶對「我」說話。

　　最近我和你變得特別親密，幾乎所有的生活都在我身上度過，甚至還坐在我頭上，拿著托盤吃泡麵，甚至還不小心滴落了幾滴湯汁。當你將大塊泡菜掉落在我身上，我都不會有任何怨言，因為我知道現在的你有多辛苦。

你的呼吸聲和深沉的嘆氣聲，現在似乎已成為我的。我，希望對你而言可以成為更溫暖的存在……

你遭遇了這些事件後，還沒發瘋，真的特別會忍耐。只要再過一段時間，一切就會好起來。在我身上準時吃飯，泡咖啡來喝，聽聽音樂，打電話給你的好友們。支撐你的重量，就算我的腿嘎吱嘎吱作響也沒關係。

有一天，當你的身上又再次充滿了活力，可以伸展雙手站起來，那麼我的身體就放鬆了，也會替你歡喜。現在你已經精疲力盡，身體在向我掙扎，不過總有一天你會認為「這件事算什麼」。希望當你回想起和我纏綿的時光，會面帶微笑……

像這樣跟擬人化的「我」對話，讓煩悶的心中下起及時雨來。

我們可以得到慰藉的對象，不一定是人。記得我低頭面對的書桌，殺時間時無意義敲打的筆記型電腦，不管討厭或喜歡，每天吃飯後清理乾淨的餐桌，乘載我沉重心情的沙發……因無法輕

鬆解決的事和艱辛的時刻，要不要試著成為自己身邊的事物，寫
出理解自己，安慰自己的文章？或許能得到意想不到的慰藉。將
事物擬人化的想像力，不只是孩子專屬的，也適合每個人。

寫心事
練習 21

化身為身邊的事物，向自己訴說心情

成為你身邊的事物，將因某件事感到痛苦的你當作對象，寫下
共鳴、建議的文章。

帶領真我的
記憶們

CHAPTER 04

快速丟棄負面情緒

挖掘內心的魔法商店

　　每當心中角落有痛苦層層交疊時，我會花幾個星期，或是幾個月的時間旅行。在陌生的地點吃飯、睡覺、走路、觀光，和當地人與旅人相遇。在移動至其他都市的孤單旅程中，痛苦就會一片片一片片剝落。每當我出發去旅行時，媽媽都會這樣跟我說「去把你內心的東西清空後再回來。」她只是裝傻，假裝不知道而已，其實暗地裡了解女兒的狀態。旅行回來時，可以說「這種程度應該沒關係了」，表示痛苦已逐漸縮小。這都要歸功於媽媽的話嗎？

　　我將該丟棄的東西，每天從筆記本中取下來，練習作廢。裡面的內容是關於人或情況經過強烈的打擊所帶來的痛苦，也有因不幸撤退造成的傷害。

　　對我而言，人生經常是不簡單的，常常會讓我「吃點苦頭」。

總之，隨時清理各種苦難留下的壞情緒，是我一輩子要持續的課題。我從很久以前收看過的情境劇中找到一個方法。

大學時期時，我們科系代表活動是「社會心理劇（socio-drama）」。社會心理劇和以個人治療為目的的「心理劇（phyco-drama）」類似，是為了解決集團內的關係以及成員間發生問題的戲劇。

2年級春季學期，社會心理劇有 10 位成員，演出者是韓國初次引進社會心理劇的金有光（音譯）博士。在博士的指導下，我們為了在秋季學期上演 1 天的社會心理劇，訓練了整整 6 個月。我們影印了社會心理劇和心埋學相關書籍，瘋狂著迷地研究，分享各自的生平故事和煩惱，找出共同主題。我們還租借了學校小劇場，每個人登上舞台「獨白」，舞台下流下眼淚的是純粹的 20 歲青年們。

為了表演必須學習並熟悉心理劇技巧。我也是基於這個緣故才前往國立首爾精神醫院觀賞心理劇。在熄燈後的黑漆漆劇場內，舞台上只擺放了一張椅子，這個畫面至今仍歷歷在目。演出

者是邀請坐滿座位的其中一位病人，讓他來擔任主角率領心理劇。輔助自我的內心角色（由演員飾）則根據需要，在演出者的指示下擔任指定角色來協助戲劇演出。三名病人依序登場，輔助自我（演員）根據病人陳述的內容，改變技巧進行戲劇演出。縱然這是很古老的回憶，印象非常模糊了，然而心理劇大致上是用這種方式進行。

輔助自我（演員）讓登上舞台的病人坐在椅子上，接著問「你是為了什麼問題而來呢？」病人稍微遲疑後回答「我受不了父親。那個人根本是暴君。連哥哥生日那天都不放過，鬧事，最後連生日都毀了。哥哥回房間去後，我簡直太憤怒了，跟父親頂嘴後被他毒打了一頓。」

和病人交流而給予反饋、傾聽的演出者，接著叫出輔助自我（演員），引導大家一起玩角色扮演遊戲（role playing）「來，要不要示範看看，哥哥生日那天是怎麼跟爸爸吵架的？把這一個人當做爸爸，重現當天的情境。」病人和負責父親角色的輔助自我（演員）進行即興表演。延續某種程度的對話後，演出者下了其他指令「好，現在要不要兩人角色互換？」這次是角色互換

（role reversal）。病人變成父親，輔助自我則變成兒子，演出相同的情況……像這樣在演出者的指示下執行情境劇的病人，從分享（和觀眾分享內心的階段）了解自己內在的憤怒和失落感，也了解父親的心情。觀眾也會對病人說出同理和鼓勵的話語。

提到社會心理劇技巧，還有照鏡子回顧自己的「鏡子技巧（mirroring）」、演出未來情況的「未來投射技巧（future protection）」、假裝有問題的那個人坐在椅子上後交談的「空椅子技巧（empty chair）」等，相當多元化。那一天讓我看得興味津津的技巧是「魔法商店（magic shop）」。

輔助自我（演員）在舞台上登場，開了魔法商店。當然肉眼是看不到魔法商店。

成為魔法商店老闆的輔助自我（演員）向觀眾說明商店裡擺放了什麼。右邊是幸福、健康、希望、快樂、美麗、高尚、自信心、和平、分辨力、原諒、理解……，左邊陳列了傷痛、傷痕、孤獨、不安、痛苦、厭惡、憤怒、恐懼、恐怖…… 等。來到魔法商店的客人在老闆的幫助之下，把讓自己痛苦的情緒或感覺拿

出來，購買自己想擁有的肯定情緒或感覺。在轉換心情前，以各種技巧進行心理劇。

想把情緒交給魔法商店老闆的病人，閉上眼睛回想那種情緒。演出者站在舞台上，讓病人張開眼睛後進行心理劇。演出者即興的演出情境，並使用適合的技巧。心理劇結束後，演出者讓病人閉上眼睛，呼喚魔法商店老闆登場。病人把想丟棄的情緒交給魔法商店老闆，將想擁有的情緒放在胸口上。

「魔法商店」這個名字來自於買賣看不到的情緒，然而當我看到交換不同情緒後產生的變化，真的就像魔法一樣。

當演出者再次呼喚造訪過魔法商店的病人站上舞台，並詢問心情有什麼變化時，病人會展現出內心的模樣，舉例來說，認為服從母親是理所當然的病人，是該劇的主角。她用平靜的表情說「我一直誤以為媽媽的想法就是我的想法。我以為媽媽建議的端莊服裝就是我喜歡的衣服；媽媽說老師是適合我的職業時，我深信不疑；叫我不要和初次交往的男友見面時，我以為聽媽媽的話才是正確的。不過這些全部都是媽媽個人的想法，不是我的想

法……我想找到我的想法。」當然不是去一趟魔法商店就能解決
所有問題，而是了解到該丟棄什麼、該拿走什麼的事實，最重要
的是這樣的自覺。

　　有持續壓抑自己的糾結情緒時，即成為一人心理劇的主角，
可以用文字寫下來，把這些東西拿出來查看。相較於「時間是
治癒一切」的想法，這個方法可以用快 10 倍的速度丟棄這些情
緒。

寫心事
練習 22

買賣情緒的魔法，快速治療負面情緒

若有可以買賣所有種類情緒的魔法商店，你想交出何種情緒？
想購買什麼情緒呢？理由是什麼？想像肉眼看不見的魔法商
店，書寫吧！

為了遇見希望

開啓內心痛苦的盒子

大部分人都記得希臘神話「潘朵拉的盒子」的故事。

艾比米修斯對潘朵拉一見鍾情，迎娶她為妻，宙斯贈送了一個盒子當作結婚禮物並對她說「把這個盒子放在安全的地方。不過無論發生任何事，絕對不能打開來看。」

神話中的主角總會自找麻煩，因此才加上了禁止的警告。然而潘朵拉不敵好奇心的誘惑，還是偷偷地把盒子打開了。好奇心總是會釀成悲劇，箱子內可怕的東西都跑出來了：憎惡、嫉妒、貧窮、痛苦、殘忍、疾病、憤怒等不幸的種子。潘朵拉在驚嚇之下快速地蓋上了蓋子，盒子內只剩下了一種東西，那就是希望。

我們心中也有像潘朵拉的盒子那樣，盛裝了否定、痛苦的情緒，不想把它們拿出來，例如想逃避的隱瞞記憶、事件以及造成

的傷害和受傷的情緒⋯⋯，但是開啟心中痛苦盒子的權力則屬於
我們自己。

　　我在文化中心的課程中，對於「開啟我心中痛苦盒子」的效
果，有了更確切的感受。去年秋天我有榮幸舉辦「寫心事」的課
程，透過6次課程，收獲最多的不是上課的學生，反而是我自己。
我由衷體會到寫作是多厲害的工具，可以用來了解自己，包括呈
現內在、表達自我、治癒痛苦。

　　由於嚴重又特殊的傳染性肺炎（COVID-19），網路課程有
溝通上的限制，然而學生不斷地打開心中的痛苦盒子，嶄露自
我。當我看到用「我的心，你還好嗎？」、「兒時的傷痕碎片」、
「有個沒辦法對任何人訴說的話」等標題撰寫的坦白、真摯又細
膩的文字時，真心感到有相同的共鳴，對於他們可以掏出內心深
處的故事來觀看的勇氣，我只能給予讚賞和鼓勵的反饋。我有好
幾次對學生們說「各位的文章也帶給我安慰。」

　　難以解決的創傷，經常在日常生活中襲擊我們的內心，若是
令人羞愧和羞恥的事，偶爾會探出頭來折磨凌虐自己，若是受傷

的心沒有恢復、傷害自尊心、無法對別人訴說的事件擾亂心情，那就打開內心痛苦的盒子，讓壓抑扭曲的情緒全部翻箱倒櫃倒出來，然後寫出告白的文章，就是為了遇見盒子底部的希望。

對內心寫下共鳴、安慰和鼓勵的話語

當我們心痛如絞、羞恥或自責時，那就想想看最近的事也好，很久以前的事也無妨。回想當時的事件，用「我的心，你還好嗎？」這樣的主題寫作。但是務必寫進去的內容，就是對經歷過那個事件的你，寫下共鳴、安慰和鼓勵的話語。

安撫受傷的內在小孩

「不是你的錯」

　　若要選一部最會描寫內在傷痕和治癒的電影，那就不能錯過
《心靈捕手》。威爾擁有天才頭腦，然而兒時受到養父殘酷的暴
力對待而受傷，是一個無法對世界敞開心扉的叛逆少年。有一天
麻省理工學院數學系教授吉拉德・藍伯發現了擔任清潔工的威爾
是天才，將他送到心理學系的朋友西恩・麥奎爾教授那裡，拜託
他接受諮詢。

　　威爾隱藏自己深層的傷痕，向來傲慢不遜又叛逆，然而在持
續和西恩見面後，產生了細微的變化。西恩不是諮詢者的身份，
而是身為真實的人類「自我開放」地顯露出自己傷痕，這成了威
爾敞開心扉的決定性契機。西恩用真摯誠懇的表情對威爾說要展
現自我。這是不管觀看多少次，都會讓我感動到淚流滿面的精彩
鏡頭。

西恩：威爾，我懂得不太多，不過這些紀錄，都是廢話……
　　　不是你的錯。

威爾：好，我知道。

西恩：看著我，不是你的錯。

威爾：我知道。

西恩：不是你的錯。

威爾：我知道了。

西恩：不，你不知道。不是你的錯，知道嗎？。

威爾：我知道了。

西恩：不是你的錯。

威爾：我說我知道了。

西恩：不是你的錯。

威爾：……

西恩：不是你的錯。

威爾：不要這樣。

西恩：不是你的錯。

威爾：不要連老師都發脾氣。

西恩：不是你的錯。

威爾：……

西恩：我說不是你的錯。

威爾：我的天哪！真的很抱歉。

和抱著西恩嗚咽哭泣的威爾一起流淚的人，不只是我，也有不少人因為「不是你的錯。」這句話感到揪心而默默哭泣。不管是致命的，還是微小的，任誰都有一兩個兒時傷口。

小時候曾經歷過的負面情緒會在潛意識裡滲透扎根，長期間支配個人的內在世界。因為那個時期還無法區分或篩選對自己不利的事物，會像海綿般吸收一切。尤其有壓倒性的恐懼和傷害，在沒被治癒的狀態下長大成人，會變形為憂鬱症、社交恐懼症、強迫症等精神障礙。小時候遭受過性暴力的人，長大成人後對於和異性肌膚相親，會有強烈的抗拒感；經歷過家庭暴力的孩子，長大成人後，會習慣性的自卑，或是把他人的錯誤認為是自己的錯。

電影《心靈捕手》的威爾，有幸能遇到最棒的老師，了解到自己體內有個內心受傷的小孩，接著打開嚴實緊閉的心門，訴說自己的故事，這是前往自由之路。

若沒有專門知識，難以在潛意識中察覺內在的小孩。然而留心觀察讓自己痛苦和為難自己的情緒，就能看見內在小孩的行為模式。觀看下列幾個範例，或許會有人瞪大眼睛說「我也是嗎？」，還是「那個人該不會就是？」

- 陷入別人無法接受的罪惡感，痛苦不堪。這種情況，是不是小時候被父母或有影響力的成人責備，或是長大過程被強迫對無法承擔的事負起責任。
- 經常思考並煩惱對方的話和行動是否帶有任何隱藏的企圖。這種人或許在小時候曾對父母或他人感受到強烈的不信任感，這種情況會將「不能相信別人」的信念內在化。這是不幸的，也是難以和別人深入交往的原因。
- 不想這樣做，然而突然勃然大怒。這種人無法滿足自己急切的要求，或是被困在處於絕望情況的以前。
- 總是擔心別人會離開自己。由於小時候的不幸經歷，以無法真正信賴別人的情況居多。這種人寧可選擇獨自一個人，也不要被拋棄，這是怕受傷的自我防禦。

　　若是在自己身上發現內在小孩的蹤跡，快點呼喚那個小孩，

要這樣說「那不是你的錯，因為……」，可以從隱藏在內心深處真正的自我開始表達。**在接受和尊重內在小孩的過程中，總有一天會迎接抵達和平地帶的時刻。**

寫心事
練習 24

<u>對內在小孩說「不是你的錯」，寫下鼓勵的話語</u>

你有連自己都難以說服，或是相較於實際情況而表現出過度的不安、恐懼、憤怒、悲傷和害怕的情況嗎？那樣的話，找一找蜷曲在自己體內受傷的內在小孩。回想小時候害怕或恐懼的事件，以及受傷的事件（即使不是重大事件也無所謂）。接著訴說自己陷入害怕或恐懼的小時候的故事。為了讓內在兒時的自己安心，說「不是你的錯」，並寫下鼓勵的話語。

越過心理的障礙

內心撐竿跳

　　小時候，我是對於和母親分開有過度恐懼和嚴重分離焦慮的孩子。或許正因為如此，當親戚們的所有小孩在鄉下外婆家集合，進行各種體驗的寒暑假時期，我總是獨自留在母親身邊度過單調無聊的時光。

　　當我跟隨帶著哥哥妹妹的母親回去鄉下時，下定決心「我也要和表兄妹他們一起度過愉快的假期」，但是當媽媽要回首爾時，我忍了又忍的眼淚頓時潰堤，緊抓著媽媽的衣角跟著她回家去。就算艱難的下定決心留在鄉下，然而就像會被監禁在黑暗中一樣，無法像哥哥、妹妹、表兄妹們那樣盡情盡興地玩樂。

　　這樣的我，在 12 歲做盲腸手術時，沒有經歷什麼特殊的過程，一下子就放開了母親的裙角。手術後必須住院幾天，到了晚上媽媽非回家不可時，我被恐懼重重包圍，怕到忘了肚子的疼

痛。我哭哭啼啼地說「你不能不走嗎？」媽媽堅決地說不行。媽媽的表情冷淡又無情，逼我不能再鬧脾氣。因為還有家裡堆積如山待做的家事，以及需要照顧的其他兩個孩子。

聽到我說不要走的話，讓她心酸沉痛。當時媽媽一離開病房，我就陷入恐慌狀態，不是因為媽媽不在，而是媽媽可以丟下我離開的事實。然而這段時光，是 12 歲的我完成重要任務的關鍵時刻。

在那之後我不再黏著媽媽了，也不再困難地和媽媽分開，這是由於「就算難過也要成為獨立的孩子，因為媽媽不是我一個人的媽媽」這種痛徹心扉的自覺。隨著時光流逝，過著獨立的生活後，我成為偶爾背著背包自助旅行的成人。身邊的人還以為我是那種只要下定決心，就能收拾背包立刻出發去旅行的自由靈魂，實際上每次都要鼓起勇氣才能獨自去旅行，抵達陌生的地方後，也需要一兩天的時間才能戰勝緊張和恐懼。

我最近才得知兒時分離焦慮的原因。4 歲時由於家道中落，有一段時間母親都必須外出工作，媽媽和爸爸對我千交代萬交代

「如果有人叫你開門，千萬不能開。」當哥哥出去玩一下就回來的外出期間，我必須一個人獨自看家。對於有事來我們家的人，我「絕對」不開門，還叫他們離開，簡直就像是現代版的《日月兄妹》。雖然已經沒印象了，不過那段時間對於兒時的我而言，無疑是近乎害怕和恐懼的時刻。當時的創傷演變成分離焦慮，因此我才不願意跟媽媽分開。

　　了解分離焦慮的原因後，我對於自己感到萬分驕傲。從那時起經過了 8 年，身為 12 歲小孩的我一口氣就克服了這個障礙。有些心理障礙沒有緩慢治癒的過程，決定性的瞬間猶如撐竿跳，看看你能不能夠高高地跳起來越過它。只要有強烈的意志力就能克服令人難以想像的衝擊，人類潛意識中隱藏的潛在才能和可能性或許是無窮無盡的。

寫下戰勝心理障礙的故事

你曾在童年時期戰勝了嚴重的或是有點煩人的心理障礙的經歷嗎？寫下當時的故事，稱讚克服的主角——你自己。

若現在才得知對某個對象感到不安或恐懼，或想知道你擁有的心理障礙是從哪裡開始的，你就會成為當年年輕的「我」，寫下勇敢跳躍這個障礙的意志。

那雖然是我，
但不是我的錯

接

CHAPTER 05

受

接受自己的模樣
「那就是我」帶來的力量

　　經歷了職場生活後，為了寫小說，我在 30 歲時進入藝術大學文藝創作系就讀。剛開學時，並不知道沒有加入較晚才走文學路的大學生聚會，將會在未來釀下禍根。這場聚會沒有共鳴的主旨和目的，只是純粹以年紀和性別為基準就要參加嗎？當有人詢問我的加入意願時，我毫不考慮就一口回絕了。因為我喜歡年輕的同學，跟他們更合得來，他們會只因為我的知識比別人豐富就叫我「姐姐」。

　　第一個學期春天快結束時，就有謠言四處流傳。有一天某個參加大器晚成女性作家聚會的朋友打電話給我「妳要小心 A 這個女人。她說了一些奇怪的流言。」聽到 A 那個女人說的奇怪的流言，我不禁失聲而笑。她說她看到我和某個要好的男學生從汽車旅館走出來。那擺明了是謊言「是哪間汽車旅館啊？」我哈哈大笑後，和她聊起別的話題後就掛了電話。我根本一點都不惱

怒，因為那是讓人一笑置之、沒水準的陰謀。

然而毫無根據的謠言，逐漸演化成更帶有惡意的謠言。這些明確名譽毀謗的故事，是從內部告發者那裡流傳的。他們當中有人在上課時間掩不住憤慨，甚至在創作小說的集體評論時間，對我小說中的人物表現出令人無法理解的憤怒。學校變成地獄，連心也生病了。

某個上課時間，眼淚恍如痛苦的結晶體，止不住滴落在書桌上。我有好幾次拿出面紙用力摀住眼睛。身邊的同學們看到那樣的我，但束手無策。下課時，常和我在一起的朋友這樣對我說「換做是我，我就不會那樣做。」意思是說我哭泣的模樣跟傻瓜沒兩樣。我回到家坐在漆黑的房間內，過了一會兒傳了三句話給那位朋友。

那就是我。
出於惡意用謊言流言攻擊的他們，這樣的我還比較好。
當他們用嘴巴寫三流小說時，我用手指寫真正的小說。

我頓時心平靜氣下來。沒有什麼比「那就是我」這句話讓我感到如此理直氣壯。我並不想對這幫惡徒追問「我什麼時候這樣做了」或是憤怒不已。和懷著惡意的他們爭鋒相對，浪費能量後我能得到什麼？這和為了抵抗不當的權力，數百次拿著蠟燭前往廣場並不相同。那只是混亂的戰鬥罷了。收到我的訊息的朋友傳來笑聲。

　　「呵呵呵 ...」
　　「那就是我」這句話讓人覺得「我像笨蛋一樣」，然而當時也了解到這句話能成為強力的營養劑。在三句話後面加上想說的話，在心中低語著：
　　「我是個不會抱持著毫無原因就傷害某個人的人。」
　　「至少我不是那種不惜自我毀滅，也要擊敗不喜歡的人的人。」
　　「我絕對不會羞愧。」

　　實際上我並非完全毫無力氣反擊。剛開始，中傷我的 A 在學校內和我巧遇時，被我正視她的目光嚇了一跳，而且試圖避開，這是犯錯的人常見的態度。A 是有名的作詞家，但又有什麼

用呢？無法過得像自己寫的美麗歌詞那樣。過了一段時間後，在某個地方偶遇共謀者對我說「對不起」。雖然我回答「那也是情有可原。」想就此帶過，然而我卻沒有坦率地表達我的情緒「若是那樣，當初就不要做那種抱歉的事。」

寫下「那就是我」，給自己力量

對於你曾說過的話或行動，即使沒犯錯，也覺得羞愧，傷了自尊心或感到後悔嗎？那麼回想那個時刻。

1. 就像理直氣壯的說「那就是我」，用斗大字體寫下「那就是我」。
2. 接受你的模樣，寫下替自己加油的 2 ～ 3 句話。

訓練「那有什麼大不了」
的內心時刻

身體的自卑情結是什麼

　　有幾種類型的人讓我羨慕，其中一種類型是對於身體的自卑坦然以對的人。我在某個作家的出版紀念聚會中，曾被作家的妹妹吸引目光。她穿著短得不能再短的迷你裙，以一般人的審美標準來看，那是一雙應該用長裙或褲子遮起來的腿。

　　然而她卻毫不在意他人的目光，專注於當天的助手角色，而且充分讓人了解到「只是根據愛好穿上想穿的衣服」，而完全沒有「我也能穿迷你裙」的企圖心，這就好像穿上平凡的 T 恤，沒什麼特別的。不曉得是否因為這樣，那雙腿看起很美。

　　有個我平時很喜歡的朋友這樣說「我的腳趾和其他人不太一樣。第二隻腳趾頭特別長，真奇特。」

　　在她腦中根本不存在因為第二根腳趾頭比較長，覺得討厭或

難過的想法。就像非現實的大眼睛，或是驚人的長手臂和長腿，看起來和別人不同，但對她而言，自己長長的腳趾頭，只不過長得和其他人的腳趾頭不一樣罷了。即便因為個子高，喜歡穿牛仔褲和運動鞋，平時看不到她的腳趾頭，但是夏天前往海水浴場，一定能看到她無所謂的穿上涼鞋或光著腳丫在海邊闊步行走。

有別於這兩位朋友，有很多人把沒什麼大不了的事當作嚴重的自卑感，甚至還支配了人生。

有某個女性為了隱藏稍顯黝黑的膚色，在生產的那一天還不忘化妝，讓身邊的人感到很訝異；某位男性出現了禿頭徵兆，結婚後都用假髮隱藏，然而有一天卻不小心露餡。聽到這些故事，讓我訝異到說不出話來。

那位女性要是素顏幾天出門，就會發現根本沒人在意自己的臉。至於那位男性，若是從一開始就坦然露出 M 型後退髮際線，或許妻子就不會受到強烈衝擊。從身體的自卑情結解放，唯一的道路並不是隱藏，而是坦然面對。這樣下定決心，嘗試一兩次，就會訓練出「那有什麼大不了」的內心時刻。

寫心事
練習 27

寫下從自卑情結中解放出來的句子

如果你有身體自卑情結，那是哪裡呢？寫出將你從自卑情結中
解放出來的句子。舉例來說，可以這樣寫。

- 「黑膚色？我有足以讓人忽視膚色的開朗笑容。」
- 「Ｍ字髮線後退徵兆？只要我比我的頭更閃亮就夠了。」

讓空虛的心靈站起來

「愛自己」的書寫練習

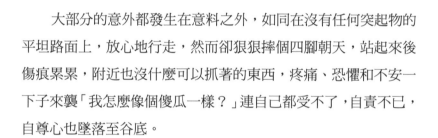

　　大部分的意外都發生在意料之外，如同在沒有任何突起物的平坦路面上，放心地行走，然而卻狠狠摔個四腳朝天，站起來後傷痕累累，附近也沒什麼可以抓著的東西，疼痛、恐懼和不安一下子來襲「我怎麼像個傻瓜一樣？」連自己都受不了，自責不已，自尊心也墜落至谷底。

　　兩年半前，我剛好處於這種情況。我遭遇了以為一輩子都不會發生的重大意外，並且陷入恐慌之中。不，恐慌狀態是非現實狀態，我反而能夠承受，我以為是在做惡夢，卻逐漸感受到現實感，陷入隨時都會崩潰的恐懼中。每當這樣的時刻來臨，我都會用力緊握雙拳，叫自己振作起來，但不容易。最難以承受的是墜落至谷底的自尊心，和畏縮退卻的自信心。說來羞愧，當時我還曾研究過最美麗的死法。

某天聽到的歌詞拯救了當時的我，像是對我心中深處注入了生命水──「雖然有缺陷，珍貴耀眼的我，美麗的我，現在才領悟。」我對這些歌詞著迷，每天要重複聽數十次，這是 BTS 防彈少年團 JIN 的單曲 <Epiphany> 裡的歌詞。作夢也沒想到我會因為男子偶像團體的歌詞留下滾燙的眼淚，然而這樣的事就發生了，我無數次聽著歌詞，小心翼翼的鍛鍊著內心，全然專注在自己身上，善待自己更勝於他人。

　　就這樣憔悴不堪，被遺棄在遠處的自我，逐漸站穩腳步。「愛自己」是注入嶄新能量最厲害的咒語，也是健康守護自己和擁抱自己最珍貴的一句話。我經常刻意地在筆記本上寫下自我讚美的話語。

- 非常喜歡今天穿上棕色系衣服外出的我。
- 偶爾出現憂鬱徵兆的日子，雖然不多，但是能再次工作而振作的我，有多麼屬害。
- 給我的新年禮物：兩幅美術帆布和彩色筆套組，太棒了！周末來畫畫。
- 對大樓警衛叔叔打招呼後，他說「你面帶微笑呢！」用力

擠出笑容，果然有用。

● 像媽媽般替我張羅食物的朋友 H，讓我在 19 歲的年紀找
到這樣的寶貝，並且選擇與他做朋友感到驕傲。

用「愛自己」這句咒語時，閃耀的瞬間讓空虛的內心成為縱
橫交織的質地。驚人的變化是從微不足道的事物開始，是不是很
帥氣？

寫心事
練習 *28*

寫下「愛自己」的話語

寫下 5 句讓你抬頭挺胸的「愛自己」的話語。

解開自嘲的枷鎖

只埋怨自己的 C 改變了

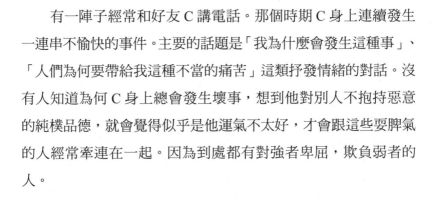

　　有一陣子經常和好友 C 講電話。那個時期 C 身上連續發生一連串不愉快的事件。主要的話題是「我為什麼會發生這種事」、「人們為何要帶給我這種不當的痛苦」這類抒發情緒的對話。沒有人知道為何 C 身上總會發生壞事，想到他對別人不抱持惡意的純樸品德，就會覺得似乎是他運氣不太好，才會跟這些耍脾氣的人經常牽連在一起。因為到處都有對強者卑屈，欺負弱者的人。

　　我對 C 的故事並不感到厭煩或痛苦，對於他經歷的情況也有共鳴，因為 C 是每當我有困難時，願意不厭其煩傾聽我的故事的人。然而 C 持續的抱怨，只會得到「為什麼」這樣的結論，「我似乎看起來很可笑」他總是會下這樣的結論，不是他人冷嘲熱諷的錯，而是自嘲的自我怪罪。

　　我想改變他的這個想法「可笑的不是毫無理由被欺負的人，而是不當的加害者。至少你不是懷著惡意傷害別人的那種人，傷害別人才能感受到存在感，這才是可笑又毫無價值的態度。那麼可笑的人不是你，是他們才對啊……」C 認真的說「謝謝你這樣告訴我」，然而從某個時間點開始，他開始改用別的說法「只要和喜歡我的人相處融洽那就夠了。」雖然跟我的說法有點不一樣，不過重點就是這樣。縱使不能說因為我說的話才有這種轉變，但 C 似乎解開了自我規定的枷鎖，我也稍微放心了。

　　C 依然常因個性「強勢」的人們說惡毒的話受傷，但不再用「為什麼」開頭的自嘲語氣下結論。想要專注在自己該做的事情上，嘗試改變內心方向，可能不會總是帶來肯定的結果，然而如果不去管內心的煎熬難受，就會養成「自嘲」的惡習。如果不想習慣自嘲，就需要書寫解開自我規定枷鎖的文章，那就是守護自己的文章。

寫心事
練習 29

寫下保護自己的話語

什麼話會讓你疼痛或受傷？在紙上寫下這些話，接下來為保護
自己，寫下反擊的話。為了寫出這種文章，你從握筆的那一刻
起，眼睛要炯炯有神，一句話也好，多於一句話也罷，舉例來
說，可以這樣寫：

「我無法克服這種試煉」 →「總之我到現在為止都沒倒下，
好好地撐下去。這些時間至少有意義。鍛鍊了我的心。很好，
去面對吧！」

停止日常自責的方法

親切對待自我的話語

雖然我們都沒察覺到，但是我們其實比自己想像的更常責備自己。仔細地檢查今天一整天，或許就會驚覺「我怎麼會這麼常自責呢？」從輕柔的自責，到嚴厲的自責，時常因為這樣承受壓力，擔心或是感到不安。

- 沒有把過季的套裝送洗。都怪我太懶惰了。
- 太草率回覆處於困境的 J 的訊息了。他似乎想跟人聊聊。
- 下定決心要減少看 Youtube 的時間，今天又落入演算法的圈套了。意志薄弱。
- 健康不佳，應該要管理體力，然而卻無法付諸行動，只是每天空想。
- 我指責了不懂得團隊合作，只在乎自己的同事。我當時應該要忍下來的。
- 我對於來到我家附近想拜訪我的 R 說，我要出門下次再

見。我討厭兩人談話沒有交集，但卻被發現我說謊了。

- 今天對於不懂我的心，說了莫名其妙話語的丈夫大發雷霆。是我不好嗎？

若是好友這樣自責難過的話，我會說什麼話呢？應該會安慰朋友，或是給予帶有共鳴的建議。因為大多不是該責備的事，只是沒什麼大問題的事件。那麼有沒有停止自責的方法呢？那就是像安慰朋友給予溫柔建議般，也對自己這樣做。

- 這也是情有可原。衣服又不會壞掉，這個週末再送去洗衣店就好了。
- 明天先傳簡訊給 J。他應該會很開心吧？
- 不是只有你才這樣，很多人都一樣。那就這樣做吧！規定時間，只挑選想看的內容收看。
- 原來是這樣啊！不要盲目的運動。建立詳盡的計畫。一天騎 20 分鐘市內自行車，或是補充必要的維生素。
- 對於某人不得不說的話，勇敢的發聲。明天上班，親切地跟那位員工打招呼就能解決吧！
- 與其見面不愉快，還不如這樣做。

● 若是不懂得察言觀色就會讓人發怒。不過這不是丈夫的
　錯，明天是不是可以善良一點的對待他？

改變自責，換成親切對待自我的話，心情就會變輕鬆。有時
候答案意外的簡單。

寫心事
練習 30

寫下自責的事項，加上溫柔的建議

請製作你日常的自責目錄。接著逐一寫下共鳴和安慰，再加上
溫柔的建議。

趕走自我責備

運用關懷自我的話語

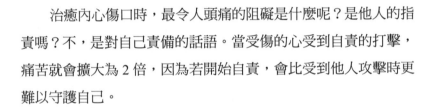

　　治癒內心傷口時，最令人頭痛的阻礙是什麼呢？是他人的指責嗎？不，是對自己責備的話語。當受傷的心受到自責的打擊，痛苦就會擴大為 2 倍，因為若開始自責，會比受到他人攻擊時更難以守護自己。

　　假設有個男人因為過於優柔寡斷，被心愛的女人拋棄後罹患憂鬱症。這個男人在何種狀態下，會更難脫離憂鬱症呢？第一、憤怒到無法原諒心愛的女人對自己宣布訣別，連電話號碼也封鎖時，第二、自責是個沒有被愛價值的傢伙時。答案當然是後者。崩潰的自我存在感對於所有種類的心理危機是毒藥。沒有自尊感時，安慰和鼓勵也都毫無用處。

　　自責並非從某個事件偶然發生的。是從很久很久以前就悄悄地盤據在心底，蠢蠢欲動，伺機以待。大部分的情況，自責是從

結婚前的原生家庭，兒時的父母或家人，或是對自己行使影響力的權威人士來的，從比我有力量的人那裡聽到的責備，後來都變成自己的。尤其是兒童時期被父母責備，會深深的烙印在心底，長大成人後轉化為自責讓自己不好過。

「就是你做的啊」、「真小心眼」、「你真壞」、「毫無希望可言」、「你就是不行！」、「誰會喜歡你？」、「沒出息的傢伙」、「一點用都沒有」、「你滾開」、「讓人莫名火大」

這些責備，在成長之後變成內在的聲音和內在的批判者。若發生一些不好的事，就會習慣性的自責，因為是潛意識的行為，難以察覺。

若想從自責的聲音中解放，該怎麼做呢？聽到這些聲音時，應該立即自覺，糾正錯誤。舉例來說，將「我為什麼這麼優柔寡斷」的自責，改為「不，我只是想更慎重思考罷了」，這是自責背後隱藏的真實語言。

然而這類的真實語言，無法輕易出現。那是因為和自責的

聲音長期共處，就會堅信這個聲音，因此這成了我們更應該停止自責的理由。每當自責的聲音出現時，留意地觀看內心深處，用真實的語言趕走自責。這不是自己的話語，而是責備自己的父母、權威人士、有權力的人說過的話。

趕走自責的另一個方法，就是找出責備中所蘊含的意義。「我太小心眼」的自責叫做「想要更瀟灑一點」，「我做不到」的自責則蘊含了「想要好好表現」的深層意義。找出這些願望，去安慰和鼓勵內心，寫出讓自己逃出自責的話語。

趕走自責的寫作，需要「關懷自我的話語」。創作了解自己、鼓勵和稱讚自我的文章，無須誇張或刻意的語言，用真心的語言，希望能帶領自己的生活前往更好的方向。

趕走自責的寫作

寫心事
練習 *31*

寫下發生傷害自尊心的事、不好的事、對自己失望的事時，習
慣性自責的話語。找出隱藏在自責背後自我關懷的話語。將自
我關懷的話語用大大的字體重複書寫 3 次。

感受到的
就是我自己的

CHAPTER 06

找回遺失時間的我

用氣味的記憶尋找自己

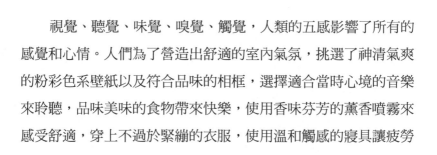

　　視覺、聽覺、味覺、嗅覺、觸覺，人類的五感影響了所有的感覺和心情。人們為了營造出舒適的室內氣氛，挑選了神清氣爽的粉彩色系壁紙以及符合品味的相框，選擇適合當時心境的音樂來聆聽，品味美味的食物帶來快樂，使用香味芬芳的薰香噴霧來感受舒適，穿上不過於緊繃的衣服，使用溫和觸感的寢具讓疲勞頓時消逝。

　　那麼我們最常忽略的感覺是什麼呢？我想應該是嗅覺。我們還會嘲笑對氣味敏感的人是「狗鼻子」。然而深入了解後，才發現人類的嗅覺其實並不遲鈍。實際上嗅覺是人類五感中最敏銳的感覺，也是容易感到疲勞的感覺。驚人的是人類可聞到的味道有四千多種，雖然不會對這麼多的味道有反應，不過這代表著味覺很發達。

閱讀過《香水：一個謀殺犯的故事》這本具衝擊性的小說，或是觀賞過這部電影的人，就能想像到人類的嗅覺有多發達。當然小說人物的嗅覺是作家創造出來的，但是若回想嗅覺的記憶，我們的鼻子所珍藏的故事，可以多到超乎我們的想像。還有其中也有不少可愛故事，令人意想不到，值得回味。

前幾天我一口氣寫了許多關於氣味的記憶，是以下這樣的故事。

難得吃到美味番茄的那一天，是蔬菜卡車大叔從有機農田親自採收的嗎？小時候吃過每天早上從鄉下親戚的田地裡摘下的番茄，格外美味可口。摘下凝結著清晨露珠的紅番茄，放入泉水中浸泡１個小時，再拿出來咬一口，吸食著混合著籽的番茄汁，嘴中充滿發麻又清爽的滋味，不，是香味！我之所以喜歡番茄，是不是因為可以回味我專屬的記憶？因嚴重又特殊的傳染性肺炎（COVID-19）使得全世界面臨災難局面時，我常掛念著大平洋對面的表姊是否平安無恙。

移民到加拿大的表姊是我小時候的偶像，只因為有一個理

由，就是表姊身上散發的幽幽清香。移民前在保養品公司上班的表姊，身上充滿好聞的氣味，讓人想要緊緊地擁抱她。她幫從外面玩回來的我洗乾淨，擦上乳液，親切又幹練的模樣更是芳香無比，讓我殷切期盼時間可以變得更長。「我也要成為散發香味好看的大人」曾經這樣想的我，現在是什麼香味呢？幾年才見一次面的表姊，依然珍藏著我兒時記憶的芬芳氣息。善良的她，平靜的表情讓香味變得更加濃郁。我也希望自己成為年紀越大越能散發出濃郁香味的人……

媽媽說該醃黃瓜了，但是她手臂很痛，向我傳來求救訊號。這是我盡孝道的良機。一到媽媽家，看到兩堆裝著 50 根黃瓜塑膠包裝的小山等著我。喜歡洗東西的我，彷彿找到了玩具，既開心又雀躍。我扭開水槽的水龍頭，開始一根根沖洗黃瓜，然後切開一根黃瓜和媽媽分食。雖然香氣不如之前的黃瓜濃郁，然而掠過鼻尖的清新氣息，宛如夏季的微風般美好。可以擔任媽媽的助手讓我更開心。

在馬塞爾・普魯斯特（Marcel Proust）的自傳小說《追憶似水年華》中，馬塞爾將瑪德蓮蛋糕浸泡在紅茶中，吃的瞬間浮現

了兒時記憶，回憶起過去的場景。這本小說中創造了「普魯斯特現象（Proust Phenomenon）」這個單字，就是因為聞到特定的味道而重現過去記憶的現象。

任誰都有攪動古老記憶的特別氣味，還有現在就能立刻浮現不太古老故事中的某個味道。用文字寫出關於該氣味的記憶，是找出讓自己微笑的專屬之路。

寫心事
練習 *32*

尋找心情愉悅的氣味

用手掌輕托下巴，暫時閉上眼睛，尋找讓你心情愉悅的某個氣味（香氣），感覺專注在鼻尖。感受到氣味了嗎？張開眼睛，寫下聞到該氣味，當時的故事。

從喜愛的味道中尋找快樂

讓我心醉神迷的味道

　　我曾有閱讀小說後，嘴裡火辣辣、口水直流的經驗。小說對於辣味的描述太過真實，具有獨創性，讓人全神貫注，就如同吃了火辣食物的心情，彷彿辣椒素傳達到腦中，大量分泌出內啡肽，又猶如收看吃播節目，和影片中的主角一同享受食物。

　　舌頭發麻的味道，像禽獸般跳上跳下的滋味；像哭累到快暈厥的滋味；像針刺向後頸的滋味；又像是子彈貫穿心臟的滋味，帶有鮮血的血腥味，燃燒喉嚨，朝肚子內下沉的滋味；8月太陽般的滋味；讓心臟撲通撲通跳動的滋味；像玻璃紙般薄薄地分離的滋味；刀尖般刺痛的滋味；像毒品般令人上癮，強烈想一吃再吃的味道……摘錄自明志賢（音譯）的《交軍之味》。

　　令人讚嘆不已，生動的描述，讓我想起曾經激動的記憶。突然很想吃很久以前常去的大學路餐廳賣的魷魚包飯，那就像要從

口中噴發出熊熊火焰般辛辣的魷魚包飯。

　　暈眩又能殘酷鍛鍊舌頭的辛辣味，似乎能讓不愉快的感覺從體內退散消失，讓人神清氣爽，因此我常去那家餐廳。雖然我不太擅長吃辣，然而偶爾會想念那個滋味，彷彿是被那種味道迷惑。有許多人似乎都和我一樣，不過若要尋找令我心醉神迷的味道，肯定不能錯過咖啡。我對咖啡從來不曾覺得厭煩，連一天都不能不喝會讓人中毒上癮的咖啡。有人不喜歡咖啡嗎？ 咖啡就像英文「steady」當作俗語使用的涵義一樣，是我最喜歡的食物，是「我決定交往的約會對象」。

　　依據國際香味協會的分類，咖啡根據多元的條件，會散發出100 種風味，這是根據原豆的種類、烘焙、研磨、水溫、水量和均衡程度而散發出截然不同的咖啡風味。即使不像專家厲害到足以區分，但是依據當天的心情、情緒、天氣、周遭環境，也可以感受到豐富、多元、魅惑的咖啡風味。

　　下雨時咖啡的滋味，蘊含了濕度，深沉、沉重又安靜的滋味，就像感動得流下了眼淚。下雪時喝的第一口卡布奇諾的滋

味，溫和清爽，能讓淡淡地惆悵煙飛雲散，還有一股隨著濃郁細緻奶泡散發「到這裡為止」香濃咖啡的節制滋味。由於連接而來的苦難，決定出發去旅行，在異鄉土地上飲用的義大利濃縮咖啡，是「瞭解人生的苦味才能成為大人」的謙虛滋味。

家人聚會時，餐後輕鬆享用的耳掛式咖啡，喝起來有純香、清澈、焦香、酸味，而且又美味，是具有不同特性的家庭滋味。無論是哪一種咖啡，在任何時間飲用，和好友們一起喝的咖啡，一口接一口，是難以抗拒的美好滋味。

麻辣味、香甜味、香醇味，鹹味、酸甜味、清爽的味道、素淨清淡的味道……咖啡味、泡菜味、麵包味、起司味、炒年糕味、紅酒味……每個人都有喜愛的味道。當我倦怠時、不耐煩時、提不起勁時、難過傷悲時，讓心情豁然開朗的味道、享受的味道、帶來新鮮刺激的食物，以及腦海裡喚起的舌尖記憶，是不是都能帶來猶如一頓美味餐點的快樂呢？

寫心事
練習 *33*

寫下愛好食物的滋味，獲得快樂

讓你喜愛上癮的食物，或是愛好的食品是什麼？寫下讚美該滋
味的文字吧！

什麼聲音可以撫慰你的心靈？

感受那個聲音

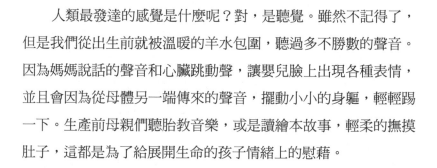

　　人類最發達的感覺是什麼呢？對，是聽覺。雖然不記得了，但是我們從出生前就被溫暖的羊水包圍，聽過多不勝數的聲音。因為媽媽說話的聲音和心臟跳動聲，讓嬰兒臉上出現各種表情，並且會因為從母體另一端傳來的聲音，擺動小小的身軀，輕輕踢一下。生產前母親們聽胎教音樂，或是讀繪本故事，輕柔的撫摸肚子，這都是為了給展開生命的孩子情緒上的慰藉。

　　我們將聽覺當作工具展開感官體驗，每天在潛意識中對許多聲音產生反應。對令耳朵愉悅的聲音，感受到的是心情穩定或情緒上的滿足感；對於不喜歡聽的聲音，感受到的是不愉快、不安或恐懼感。若必須在傳來 80 分貝汽車噪音的辦公室，聽著氣沖沖又討人厭的主管叨念，就會成天感受到壓力和不愉快；若在音樂流瀉的溫馨辦公室內，偶爾聽見業務的對話和輕柔的笑聲，就能以自由和穩定的狀態工作。

若將好聲音或給予心理穩定的聲音轉換為文字，就像真的聽到聲音般，心情會變得平靜。結束一天，上床睡覺前，在乾淨的紙上寫下「我的耳朵喜歡聽的聲音」的文章，接著閉上眼睛，「重複感受」寫成文字的聲音，就能心情舒暢地安然入睡。

打開手冊或筆記本，記錄那天感覺很棒的聲音，否則就會變成隨著時光逝去的愉悅音波而已。舉例來說，可以這樣寫。

- 經過苦悶的一週，假日早晨，在棉被中似夢非夢之際，窗外傳來孩子們玩樂的聲音，成為安閒休息背景的平靜聲音。
- 和朋友們爬山的周末，寺廟的木魚聲，彷彿在撫慰我。公司讓我做過多不合理的工作，讓我整個星期心情不太愉快。
- 聆聽皮亞佐拉的探戈音樂時，心情總是能豁然開朗。
- 聽著清爽的雨聲，真的好想吃美味的刀削麵。雨絲和麵條的相遇是最棒的！
- 當內心苦悶煎熬時，聽到姪子的說話聲、笑聲就能被療癒，傳來純粹的能量。

寫心事
練習 *34*

寫下對你有好影響的聲音

你喜歡什麼聲音呢？今天聽過的無數聲音中，寫下對你有肯定
性影響的聲音。什麼聲音能輕柔的撫慰你歷經滄桑的靈魂呢？
用文字寫下聽到那種聲音時有什麼感受。

轉換心情、安定心靈

我喜愛的顏色

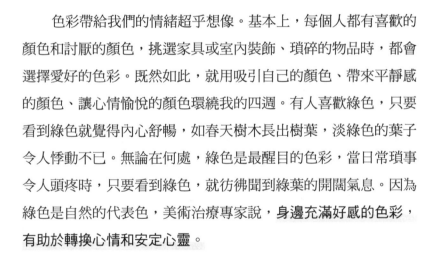

　　色彩帶給我們的情緒超乎想像。基本上，每個人都有喜歡的顏色和討厭的顏色，挑選家具或室內裝飾、瑣碎的物品時，都會選擇愛好的色彩。既然如此，就用吸引自己的顏色、帶來平靜感的顏色、讓心情愉悅的顏色環繞我的四週。有人喜歡綠色，只要看到綠色就覺得內心舒暢，如春天樹木長出樹葉，淡綠色的葉子令人悸動不已。無論在何處，綠色是最醒目的色彩，當日常瑣事令人頭疼時，只要看到綠色，就彷彿聞到綠葉的開闊氣息。因為綠色是自然的代表色，美術治療專家說，**身邊充滿好感的色彩，有助於轉換心情和安定心靈。**

　　之前我曾偏愛於黃色，從小飾品到棉被、枕頭，甚至是窗簾，都用黃色妝點整個房間。買文具用品時，在考慮買什麼之前就先拿起黃色，這和對黃色畫家梵谷的熱愛或是記住我們時代的傷痛事件無關（熱愛黃色是在那之前），我喜愛鮮黃色帶來明亮與天

真燦爛的情緒。熱愛黃色的時期，似乎是我最積極活躍的時光。

　　不知從何時起，我房間的基本色調變成淡粉紅色。在空白的牆上，不帶花紋的粉紅布幔從天花板垂墜而下有 1 公尺長，布幔尾端飾有同色調雅致的塑膠花貼紙。工作的桌子下鋪了印地安粉紅地毯，整體沉靜的色調帶來安定感。直到遇到動搖情緒的事件後，我開始喜歡不過於突出的粉紅色系。一般人認為粉紅色是可愛的色系，然而粉紅色也蘊含了和平、包容力、多情的心理。這是我不可或缺的色彩。下次又會有什麼顏色吸引我的心呢？

寫心事
練習 35

寫下讓你心情愉快的色彩故事

近來帶給你平靜的色彩，讓你心情愉快的色彩，喜愛的顏色，買東西時會選購的色系是什麼呢？ 這種顏色帶給你什麼感覺呢？在你周圍，哪裡有這種顏色呢？若是色彩能帶來變化，你想改變什麼呢？用「關於我喜愛的顏色」的主題，寫下吸引你的色彩故事。

愛自己的書寫

和我相似的東西

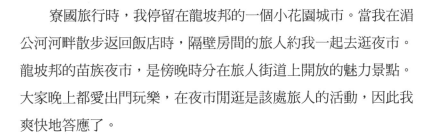

　　寮國旅行時，我停留在龍坡邦的一個小花園城市。當我在湄公河河畔散步返回飯店時，隔壁房間的旅人約我一起去逛夜市。龍坡邦的苗族夜市，是傍晚時分在旅人街道上開放的魅力景點。大家晚上都愛出門玩樂，在夜市閒逛是該處旅人的活動，因此我爽快地答應了。

　　夜市充滿花花綠綠獨特圖案的衣服、時尚雜貨、手工藝品、熱帶水果香皂、動物玩偶、圖畫等各種精巧的物品。尤其是苗族女子販賣的手工藝品，色彩艷麗，手工精緻，讓人忍不住蹲下來欣賞。隔壁房間的旅人忙著挑選分送給親友的杯墊、布娃娃。但是有一件事讓我覺得有點奇怪。

　　他不挑選製作精美良好的東西，只挑看起來不完美的東西。聽他說明原因後，讓我莫名感動。相較於完美的東西，不夠好的

東西，反而更吸引她。玩偶固然有點歪歪扭扭，外表長得像蠟筆小新，卻更令人愛憐，想好好愛護。當時我雖然沒放下手上毫無瑕疵的手工化妝包，但在那短暫的一刻好好地欣賞了這個美麗的人。

他在兩天後離開了龍坡邦，我也在夜市購買了幾個杯墊。這些手工刺繡不均勻，但色彩繽紛的杯墊，是個矮小的老奶奶用視線不良的眼睛專心製作的。

我現在依然在使用分送給友人後剩下的黃色杯墊。正方形的杯墊，繡花縱然不精巧，但卻更有親切感，我愛和我相似的東西。

寫心事
練習 *36*

挑選和自己最相似的帽子，好好愛自己

想像將 100 頂設計、顏色、素材豐富的帽子掛在牆上。其中有
最新流行的，也有過季的；有夏天的帽子，也有冬天的帽子；
從來不曾戴過的帽子，還有常戴的帽子；也有殘破、陳舊、骯
髒的帽子。要在其中挑選和你最相似的帽子，你會挑哪頂帽子
呢？ 這頂帽子在哪方面和你最相似呢？要用這頂帽子來做什麼
呢？隨心所欲的書寫吧！

想和我的心

好好相處

感

CHAPTER 07

情

找出適當的表達方式

「我很生氣，但我無法解釋？」

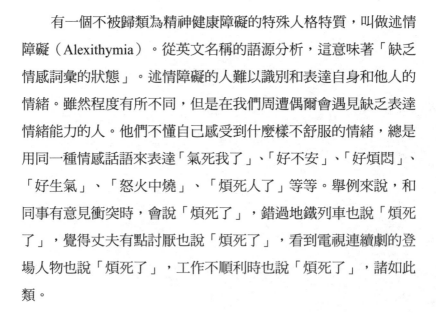

　　有一個不被歸類為精神健康障礙的特殊人格特質，叫做述情障礙（Alexithymia）。從英文名稱的語源分析，這意味著「缺乏情感詞彙的狀態」。述情障礙的人難以識別和表達自身和他人的情緒。雖然程度有所不同，但是在我們周遭偶爾會遇見缺乏表達情緒能力的人。他們不懂自己感受到什麼樣不舒服的情緒，總是用同一種情感話語來表達「氣死我了」、「好不安」、「好煩悶」、「好生氣」、「怒火中燒」、「煩死人了」等等。舉例來說，和同事有意見衝突時，會說「煩死了」，錯過地鐵列車也說「煩死了」，覺得丈夫有點討厭也說「煩死了」，看到電視連續劇的登場人物也說「煩死了」，工作不順利時也說「煩死了」，諸如此類。

　　無法表達情緒的人，不容易區分情緒和情緒帶來的身體感受（慢性疲勞、頭痛、失眠、進食障礙等）之間的差異，對於壓

力的應付能力差。因此經常缺乏幽默感，或是不懂得變通。遭遇
這種困難的人，人數多達數百萬名，因此不禁令人懷疑「我該不
會也是這樣？」若是察覺到某種負面的情緒，卻無法辨別這是不
安、憤怒還是失望，當然就不容易控制情緒。

這樣一來，會用食物抒發壓力，或出現頭痛、腸胃障礙、心
率增加等身體症狀。這是相當累人的事。

正確地認識自己的情緒，將糾結成團的情緒語言分離出來，
可以用寫作當作不錯的工具。**利用語言，顯露出自己情緒的真面
目，找出適當的表達方式。**這裡設計出 5 階段的情緒表達練習。

第 1 階段：分析對於某個情況，自己感受到的實際情緒是什
麼。

第 2 階段：找出適合分析結果的情緒描述，詳細的地描述該
情緒。

第 3 階段：寫下為何會有這種情緒。

第 4 階段：寫下這種情緒向我要求什麼。

第 5 階段：了解我的情緒是什麼，記錄領悟到的心得，或

是該情緒具備的意義。

舉例來說，可以像下面這樣寫。

第 1 階段：對於 L 不經意的玩笑話「你知道你有點像老頑固嗎？」，我表現出過度激烈的反應，不知道為什麼這麼敏感，雖然只是討厭讓我心煩意亂的 L，但是當時的我氣到火冒三丈。不，我以為我在生氣，現在仔細追究，其實並不是生氣，而是傷了自尊心。

第 2 階段： 我以為是 L 讓我沒面子，但實際上是我的弱點被揭穿，才會在當下感到不知所措。每當自尊心受到傷害時，我總是會這樣。胸口悶悶的，頭熱暈暈的，胸口逐漸發緊，還很想吐。不知道該如何恢復受傷的自尊心，就像快要瘋掉。

第 3 階段：之所以會有這樣的情緒和感覺，是因為無法接受對方的指責或忠告。說穿了就是小心眼又不成熟。L 看穿我那種赤裸裸的心情，在當時那才是最主要生氣的原因。我對 L 太反應過度了。

第 4 階段：擔任教職 10 多年的關係，我的語氣像是指示或命令。不久前朋友指責我時，我也不想聽。不，正確來說是討厭我自己變成這樣。或許我真正的想法，並非不想被看穿弱點，而是想要承認接受自己的弱點，這樣才不會被醜陋的情緒為難，進而變成更好的我。

第 5 階段：不要因他人對我的評價左右自尊心。若想成為比現在更棒的我，就要培養度量。這雖然不容易做到，但總要努力嘗試。不是嗎？從「生氣」或是「煩死了」一貫化的情緒中找出正確名稱，是我找回自信的任務。若想脫離述情障礙，就不要說「我很生氣，但我無法解釋」。

寫心事練習 37

練習表達情緒

透過 5 階段的情緒表達練習，分析、形容你最近難以描述的情緒吧！

照顧好自己的內心

將故障的心送修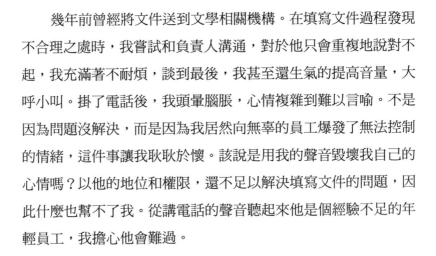

　　幾年前曾經將文件送到文學相關機構。在填寫文件過程發現不合理之處時，我嘗試和負責人溝通，對於他只會重複地說對不起，我充滿著不耐煩，談到最後，我甚至還生氣的提高音量，大呼小叫。掛了電話後，我頭暈腦脹，心情複雜到難以言喻。不是因為問題沒解決，而是因為我居然向無辜的員工爆發了無法控制的情緒，這件事讓我耿耿於懷。該說是用我的聲音毀壞我自己的心情嗎？以他的地位和權限，還不足以解決填寫文件的問題，因此什麼也幫不了我。從講電話的聲音聽起來他是個經驗不足的年輕員工，我擔心他會難過。

　　隔天我打電話向那位員工道歉。因為我不能這樣對待只是奉命行事做交辦業務的人，請他體諒我一時衝動。聽到他重複說了好幾次謝謝您打電話來，我有種罪惡感。原來這種事經常發生啊……我希望他面對眾多的抱怨，能變得更堅強，練就出更強大

的心臟。

　　但是更應該擔心的，其實是我的心靈狀態。近來我對於可以一笑置之的事件，都表現出敏感和不愉快。這是由於不順利的問題，承受了沈重的壓力。我這樣問我的心「心啊！現在還好嗎？」我的心回答「怎麼可能好得起來呢？好累啊！」在照顧他人的心之前，要先照顧好自己的心。為了我心靈的平靜，以下是需要做的事情。

- 心形成銳角變狹窄時，在這個情況下，要立刻後退一步。
- 不要用我的聲音毀損我自己，在說話前思考「暫時停下來」。
- 用工具向我的心注入清澈能量：聽音樂。
- 走路，在空白的時間內休息。
- 看著鏡子練習微笑。
- 痛苦時像電影般優雅地帶過。

我相信用這種方法，就能修理好我暫時故障的心。

用「心啊！現在還好嗎？」問句，修理故障的心

對於無法接受的事，失去平常心，或是忿忿不平時；對於瑣碎的小事感到激動，或有不必要的敏感反應時；或內心產生不舒服的情緒時，用「心啊！現在還好嗎？」這樣的問句，整理需要做的事，照顧好自己的內心。

心靈和精神健康的處方簽

我的身體訴說我的心

從看醫生的紀錄就能察覺我的內心狀態。因為人類的情緒也會對身體造成影響。心靈失去均衡，身體也會失衡而造成問題。我只要壓力過大，身體就很容易出狀況。最基本的有消化不良和頭痛，當壓力指數上升時，免疫力迅速降低，嘴唇或太陽穴附近會長出疱疹病毒。

不久前出現了疱疹感染和各種不尋常的徵兆。體力衰退到連坐著都很疲憊，嚴重偏頭痛到整張臉疼痛不堪。皮膚科醫生說有可能是長了帶狀疱疹，於是開了強效藥物，還打了針。醫生還吩咐我什麼都不要做，無條件休息。

回顧當時的情境，這也要歸咎於壓力。絕對無法一心多用的我，同時有許多待解決的任務重重交疊，由於放不下的辛苦工作，讓我極度傷神。若能事先了解這個事實「先考慮身體」，或

許會選擇放下該放下的，拋棄該拋棄的事，調理身體，讓自己好好休息。雖然壓力有程度上的差異，但這是我經常經歷的事件，總是要等到身體出了狀況，才能找到理由。身體和心靈不是分開的，我要到什麼時候，才能具備這種基本常識呢？

自行觀察並照顧自己的身體，也是照顧心靈的任務。當健康狀況不佳時，首先傾聽自己身體訴說的聲音。粗糙蠟黃的臉蛋、僵硬的脖子和肩膀、食物帶來胃的負擔、噁心反胃的肚子、毫無理由無力的肌肉、想罷工抗議的全身⋯⋯。

這樣完成診斷後，為了治療身體訊號訴說的心靈失衡，給予有效的處方「外出吹吹風、慢慢地散步、呼朋引伴度過悠閒時光、發呆、聽輕柔的音樂、整理冰箱、收看單純故事的輕鬆電影、買著色本上色⋯⋯」。

事實上，內心是最慈祥又親切的醫生。

寫心事
練習 *39*

寫下心靈和精神健康的處方籤

對於最近感受到的，或是現在感受到身體異常、症狀和不調和、
失衡的狀態，寫下診斷書，並根據該診斷書，寫下心靈和精神
健康的處方籤。

了解自己，了解他人

以自我諮商代替專家諮詢

我們從搖籃到墳墓為止，都要面對各式各樣的問題。關係的問題、生活的問題、本質的問題、和人生方向有關的問題、健康問題等等。其中和「心靈」有關的問題需要基本的省查來觀看內在。但是在極度的壓力、痛徹心扉的後悔、無法清洗的傷口、蠶食靈魂的不安面前，無法從容有餘裕地觀看內心的鏡子，因此會在死巷裡尋找和等待諮詢室或是精神科診所，然而這些也不容易做到。

第一，若想敲開諮詢室或精神科診所的門，需要有兩項東西，就是超過一般醫院 10 倍的時間和金錢，這是絕對不容忽視的現實問題。第二，若無法脫離社會偏見和耳目，即使該處有治癒之泉，也無法飲用。而且對於和專家的諮詢感到羞恥，會讓問題變得更困難更棘手。第三，在諮詢過程中，若對醫生產生反感和不信任，反而會出現反效果。

　　自我諮商，則沒有這三種障礙，可以定期檢查自身的狀態。如同在諮詢室一對一諮詢，自我解決問題。記錄和診斷自我的內外在痛苦和帶來的情緒變化、想法的轉變、行動的轉變，可幫助客觀的看待問題。重複寫作來自我諮商，就能迎來自我發掘的瞬間。

　　舉例來說，可以用下述的自我諮商。假設 C 是諮詢師，用文字述說和 M 的關係漸行漸遠的理由。

　　我：最近因為 M 的緣故，心情不太好。

　　C：為什麼會這樣呢？

　　我：上星期遇到 M 時受到強烈衝擊。

　　C：發生了什麼事呢？

　　我：我因為青春痘的問題惡化，臉部肌膚變得很糟。可是M
　　　　一看到我的臉，她的表情在瞬間變得莫名開心。雖然
　　　　她表面上說「該怎麼辦」，但是她內心在暗自竊喜。

　　C：你這樣說，有根據嗎？也有可能是誤會。

　　我：實際上之前也有幾次類似的經驗。只要我過得好，她就
　　　　會忌妒，當我過得不好時，她就暗自痛快。

C：那麼你的心情肯定很複雜。

我：那是理所當然的。朋友們都以為 M 是我的好友，可是看到朋友發生不好的事卻幸災樂禍的人，哪算什麼好朋友……

C：原來兩人是好友。

我：嗯，應該算是吧！ 5 位國中同學當中，我們 2 個一起上同一間高中和大學。雖然不是我們約定好的。

C：那你應該會更失望吧！可是你到目前為止，若是 M 的人生順利，會百分之百開心，M 過得不順利的話，也會百分之百難受嗎？

我：嗯…… 老實說，我也不是百分之百做得到。我畢竟不是天使。

C：M 是不是遇到了什麼困難呢？當我們自身情況惡化時，內心也會變醜陋。

我：她不久前和長期交往的男友分手了，心情苦悶。可是因為失戀問題，希望朋友過得不好，這樣還算朋友嗎？

C：M 可能沒想到自己會變成這樣。觀看自己的心並非易事。再加上即使是好友，若是內心空虛，或許會忌妒妳遇到有能力、個性合得來的男友變得活潑開朗。因為

她不是天使，只是個普通人。

我：雖然這樣說也沒錯……

C ：要不要就這樣算了？妳擁有 M 失去的東西啊！而且是
　　最佳狀態，擁有富人的餘裕、寬大的胸襟，這種奢侈
　　是高品格的奢侈。

我：可是她在薪水優渥的職場上班，也沒有其他煩惱啊！

C ：若叫妳用帥氣的男友跟她交換優渥的薪資，妳應該不想
　　要吧！妳該不會是忌妒 M 的薪水吧？

像這樣進行自我諮商後，就能更客觀地看待情況，進而找出
問題的解決方案。當然不是寫一堆自我諮商，就能一下子解決所
有問題。即使和專家諮詢，也要進行初期、中期、後期諮詢，甚
至還有追蹤諮詢。

自我諮商可根據問題的輕重緩急，制定 2 次或 5 次。有自行
解決的意志時，用自我諮商代替諮詢，這是不僅能了解自己，也
能了解他人的工具。

寫心事
練習 40

寫下自我諮商的對話，解決煩惱

你有心中耿耿於懷的煩惱，或是帶來不愉快情緒的事嗎？用諮詢師「C」和「我」的對話寫下自我諮商的過程。

嘗試善待自己的方法

連我都不愛我自己

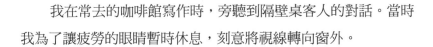

　　我在常去的咖啡館寫作時，旁聽到隔壁桌客人的對話。當時我為了讓疲勞的眼睛暫時休息，刻意將視線轉向窗外。

　　「大家好像都討厭我。」A 客人向坐在對面的 B 客人說。我將不小心轉向 A 客人的目光，迅速地飄移向窗外。映入眼簾的 A 客人看起來有些疲憊憔悴，那是自嘲的人身上常見的低垂臉孔。在那之前 A 客人和 B 客人的對話，在我耳中聽起來猶如白色噪音般，完全充耳不聞，不是令我感興趣的話題，我只是為了尋找綠意，到處轉動著眼珠子。

　　當我的視線移到市政府前的草地廣場時，B 客人對 A 客人說出「正中要害」的話「大家並不討厭你，是你討厭你自己吧！」

　　我豎直了耳朵。哇！好強勢。我也不知不覺聽了接下來的對

175

話「還有，你不知道你有多虧待你自己吧？沒人看，就不在乎外表；你的腸胃不夠強健，你還不懂得定時規律用餐，自嘲在 3 個月內胖了 5 公斤；追星 GOD 20 年，卻用年齡當藉口；說提不起勁來，沒有值得開懷大笑的事，就悶悶不樂、嘴角下垂……連你都不愛你自己，卻希望別人愛你，這樣對嗎？」

總之，重點就是「你要愛你自己，其他人也會愛你」。聽完這些充滿真心誠意的嘮叨後，A 客人平靜地說「你說的都對。」

B 客人說的「愛自己的方法」並不是多了不起的事。不僅僅適用 A 客人，也適用於任何人。

我們通常能從微不足道的事物上找到珍貴的東西。為了自己好好準備餐點；每天簡單運動後，舒暢地淋浴；吃必要的健康輔助食品；看著鏡子檢查自己的外貌；偶爾參加文化體驗，讓頭腦為之一振；或是讓心靈悸動，為了身心的休憩發個呆……觀察身邊的人就能了解，受歡迎的人們對於這些事有多熟悉。

可以嘗試善待自己的方法。在一張白紙上整理出看似容易開

始，但卻沒好好實踐的自我管理目錄。在養成習慣前，張貼在常看到的地方。為了成為懂得在日常愛自己的人，有魅力的人，這不算是苦差事。

寫心事
練習 *41*

寫下善待自己的方法

詳細的列出幾項你為了愛自己每天會做的事。

加強自信心

填滿我「驕傲」的東西

若想擁有某個有價值的東西，想擁有的想法就會讓「驕傲」膨脹。只要找到機會，就會興高采烈地解釋多有價值，彷彿那帥氣的東西變成自己的一部分。

讓人擁抱這類「驕傲」的東西，有什麼呢？可以是嗜好的收藏品；帶來獨特感覺又充滿個性的服飾和飾品；從父母那裡繼承而來的貴重物品；費盡苦心才取得的珍貴音樂專輯或物品；精心裝飾的房子等有形的物品；也有可能是令人稱羨的做菜手藝；全力以赴的工作或職業；在自己領域內令人刮目相看的業績；用熱情參與的聚會；對於自己關心事物的豐富知識；給予他人好感的印象；耐心等肉眼看不見無形的東西。

還有一個東西，可帶給人超乎想像的強大自信心，那就是具有有形價值和無形價值的「人」，可以放入人際關係目錄的無形

資產是「要好的人們」，對我而言是多麼珍稀的寶貴人物。

經歷漫長的時光重複地心靈相遇和分別，很晚才領悟到他們才是我永恆不變的友軍，如生活方式和想法都不會只顧自己私利的帥氣好友們，連我醜陋的部分都能包容、心胸如海寬闊的朋友們……。

我對自己不算寬容，偶爾需要供應培養自尊心的燃料。此時用最有用的方法去思考「我擁有的值錢物品」。這樣做之後，就能理直氣壯的挺直像扭曲衣架般下垂的肩膀。若是用文字書寫那些能助長我自尊心的珍貴物品和我喜愛的人們，就能稍微產生富人般的餘裕感，因為想法或話語很容易消逝，然而文字卻是永恆不變的，能烙印在我們心中。

每當束手無策、自信心低落、啃食自尊心時，書寫帶來「驕傲」的事物和人們，就會有踏實感，彷彿友軍就在眼前，同時會認為自己是個擁有許多好東西的不錯的人。

寫下炫耀好友的文字，加強自信心

寫下想積極介紹自己擁有的有價值的東西。有形的也好，無形的也無妨。寫下文字，炫耀自己的好友或是珍視的人。

最後一句話這樣寫：「我是他的粉絲」、「我是他朋友」、「我是他女兒」、「我和這個人，常常一起吃飯」、「那個人寄給我喜愛的音樂檔案」等等。

第二篇

寫心事，
守護日常生活。

不管什麼日子
都恬靜的心靈

CHAPTER　08

找回內心的平靜

我房間裡盛裝記憶的事物

　　像緩緩散步般，在家中不疾不徐的環顧，總會找到特別醒目的事物，讓你浮現過去某一天故事或風景的物品。每次映入眼簾的事物都會不一樣，會根據當時的情況，根據當時的情緒，出現特別醒目的東西。就像心平氣和的今天，天真愉快的記憶格外突出，可能是隨著時間推移，潛意識裡「回到過去」的慾望更加明顯。

　　不久前我注意到掛在牆壁上的長方形象牙色畫板。這是從《若想成為真正樹木》的繪本中剪下來貼上，再用噴霧膠固定成有模有樣的「作品」。上方貼的圖畫，在打開折疊的紙張後會出現一棵高大樹木，下方貼的圖畫，則是三根粗壯的樹枝上綻放出鮮紅色花瓣，就像棉花糖形狀的樹木，花瓣上蝴蝶迎風飛舞著。我妥善保存繪本作家親筆簽名的書，又另外買了一本書來創作。和這本書相遇的期間，我對樹木癡迷若狂。

看著《若想成為真正樹木》的圖畫，就能找回內心平靜。色澤明亮華麗的圖片，美不勝收，用奇妙的想像力表達繪本所要傳達的訊息「若想成為真正樹木……」，想像真正樹木的模樣，如同想像真正人類的模樣：將根隱藏至土地深處才不會絆倒孩子們，在艷陽高照炎熱的天氣下形成清爽沁涼的樹蔭，彎著腰讓個子嬌小的孩子也能爬上去玩耍，就像想永遠投入母親的懷抱。

回想起過去自稱為《若想成為真正樹木》的宣傳大使，送禮物給身邊的人的那段時光，在大肆宣傳期間，在會心一笑的午後，看著象牙色畫板，寫下真正的樹木帶來記憶的文章。那是將記憶化為文字的時光，是與和平共處的時光。

寫心事
練習　43

寫下家中物品的故事，找回內心的平靜

用散步的心情，逐一環顧家中物品，就會想起過去某一天的故事，浮現當天風景的主角。什麼樣的物品先映入眼簾呢？從其中挑選用愉快的感覺喚起記憶的東西，寫下關於該物品的故事。

讓內心擁有滿滿的充實感

沒有錢也能擁有的東西

有一天有位朋友突然和丈夫兩人獨自歸鄉回到江原道蓬坪。那是從長途巴士站的市中心開車 10 分鐘才能抵達的「真正」鄉下社區。所謂隔壁鄰居，就只有一戶人家而已，附近除了一片荒涼的黃土地外，什麼都沒有，鄰居家也被當作別墅，偶爾才會見到主人一家人。

她在 12 月份時搬遷到有菜園的韓屋，我擔心她在只見得到遠處有荒涼冬季山脈的那個地方生活，會不會罹患憂鬱症。

經過了冬季和春季，我在夏天時期和一位朋友前往蓬坪，參觀傳說中歸鄉的真實樣貌。

我對於「就那樣過得挺不錯的」的話，抱持半信半疑的態度，決定親自用雙眼確認。當我搭著朋友來巴士站迎接我們的四

輪驅動車抵達房子時，盡情綻放、一望無際的白花田，讓我為之目眩。恰巧是蕎麥花盛開的時節，蓬坪成為李孝石《蕎麥花盛開之際》的空間背景。但是進一步追問後，才發現那不是蕎麥花，其實是馬鈴薯花。蕎麥和馬鈴薯隔年栽種，那一年正是栽種馬鈴薯的年度。馬鈴薯花是這麼眩目耀眼嗎？我語帶羨慕地說道「哇！這片風景都是你專屬的！」

可是這裡沒有我能免費享受的東西嗎？佇立在大樓走廊，沒有高高聳立的建築物，一望無際的視線，盡頭是秀麗的山脈與寬闊的天空；行走到房屋旁的泥土小徑上就能散步；只要有空就能隨時享受冒險的世界小巷；和最純潔的微風肌膚相親；偶爾被孤獨的幻想捕捉的霧雨與三月雪；一大三分之一香甜的休憩和睡眠，公平地分給每個人品嘗各種滋味的人生……

有個外國詩人在讀詩界中相當受歡迎，就是人稱「詩壇莫札特」的波蘭代表詩人維斯瓦娃・辛波絲卡（Wislawa Szymborska）。她簡樸直率的詩詞，展現出人和人生的深度思考與洞察，我曾在這些詩底下畫滿了線，心醉神迷。我在詩人《這裡》珠玉般的詩詞中，讀到了無法擁有物品而產生強烈慾求時，

不由得發出「啊！」的感嘆詞，也看見老詩人拉著耳朵竊竊私語說「聽我的話」的純粹思維。

> 這片土地上的生命太過廉價。
> 譬如你不用為夢想付出一毛錢。
> 幻想，只在失去後才要付出代價，
> 肉體，就用老化來償還。
> 光是這樣還不夠。
> 你沒付票錢，就可以搭乘行星的旋轉木馬轉呀轉地，
> 還和它一起搭乘銀河系暴風雪的便車。
> 繁忙時光流逝的瞬間，
> 地球上連微小的顫抖都不允許。
> ──摘錄自維斯瓦娃・辛波絲卡《這裡》

當我不滿足於擁有的東西時；對於無法擁有更好的條件時；或感到心裡不是滋味，覺得世界不公平時，**抄寫無須付一毛錢就能擁有的物品目錄**，相較於擁有巨額財富，比起炫耀奢華的物質，對比在頭上戴上王冠這類的名譽，著實會有更滿盈的充實感。

寫心事
練習 *44*

寫下不用花錢就能享受的事物，更有滿滿的充實感

用文字寫下你不付一毛錢就能享受的事物，以及非常廉價就能
享受到的東西，盡可能蒐集，越多越好。

從生活中找回平靜

緊緊抓住平靜的時光

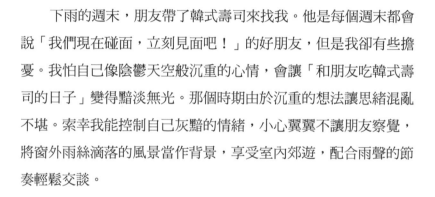

　　下雨的週末，朋友帶了韓式壽司來找我。他是每個週末都會說「我們現在碰面，立刻見面吧！」的好朋友，但是我卻有些擔憂。我怕自己像陰鬱天空般沉重的心情，會讓「和朋友吃韓式壽司的日子」變得黯淡無光。那個時期由於沉重的想法讓思緒混亂不堪。索幸我能控制自己灰黯的情緒，小心翼翼不讓朋友察覺，將窗外雨絲滴落的風景當作背景，享受室內郊遊，配合雨聲的節奏輕鬆交談。

　　但是透過以心傳心，沿著屋旁河流一個半小時的雨中散步後，被吹拂的風打濕衣服的朋友說道「像這樣的共度時光，應該會讓我下個星期的心情很平靜」、「我可以不用再調整心情」，這些話語就像魔法般，讓我找回沉靜。

　　待寫的稿子、該處理的事堆積如山，繁忙到被時間追趕的日

子。媽媽到我們家附近的傳統市場買菜，順道來看我，並且邀約
我一起去外面吃午餐。之前我總會說「我很忙，改天再說吧！」，
不過這次卻回答「那妳快點來吧！」。那時我下定決心還沒超過
2 個月，覺得即使沒辦法給父母其他東西，也要抽空陪伴他們。

　　在不久前開張的鰹魚麵店享用簡單的餐點後，我對向我說
「回去工作吧！」的媽媽提議「要不要喝一杯咖啡？」，因為吃
飯還不到 30 分鐘就說「再見」實在有點不好意思。

　　女兒提議喝下午茶，媽媽笑得比五月的豔陽還燦爛。看著
坐在咖啡館戶外桌、和不太隨和的女兒在一起、滿臉幸福洋溢的
母親，才查覺到原來我不想被占用時間，急著想趕回去。當下我
奮力地想抓住迎風搖曳的樹葉所閃耀的綠光。送媽媽離開後回到
家，我寫下這一天短暫的中午時分。

　　與寫稿子的 2 個小時相比，和母親共度的 2 小時更有價值，
因此我現在才能難得悠閒。再平凡不過的今天，母女享用鰹魚麵
和午茶，成為澄淨美好的回憶，彷彿看著平靜的家庭電影場景。
對，今天是快樂的一天，平靜的一天，如同我想抓住行道樹樹葉

的翠綠和閃耀。

為了緊緊抓住內心的平靜而寫的文字，雖然稿子沒寫幾個字，然而那天在入睡前，我都很平靜。

寫心事
練習 45

寫下平靜的時光

為了不忘卻和某人在一起的恬靜時光，或是特別的時光，用文字寫下當時的記憶和感受，緊緊地抓住。

給我沉著舒適的安心感

戰勝新冠憂鬱的經典藍

　　嚴重又特殊傳染性肺炎（COVID-19）疫情持續，罹患憂鬱症的人越來越多，這是所謂「Corona Blue（新冠憂鬱）」非疾病的流行病，是「嚴重又特殊傳染性肺炎（COVID-19）」和憂鬱的色彩「藍色」結合的詞彙。由於嚴重又特殊傳染性肺炎（COVID-19）的憂鬱感而失去工作，或收入減少，再加上無法自由自在地外出，難以和人們見面，因此呈現出憂鬱無力、專注力卜降等情緒變化。連我這種本來就習慣獨自工作、獨自玩樂的人，都感到悶悶不樂、鬱鬱寡歡，可想而知，行動派的人心情會有多煎熬。

　　人們似乎對於藍色「憂鬱」帶來的心理感受越來越感興趣。黑暗沉重和悲傷情緒的音樂稱之為「藍調」，據說是源於象徵憂鬱的顏色「BLUE」。畢卡索在他的「藍色時期」採用藍色調，瘋狂地描繪憂鬱和冷酷的現實。

用英文說「I feel blue」有「我好憂鬱」的涵義，然而藍色只會帶來憂鬱、冷酷、悲傷的情緒嗎？

在色彩心理學中，認定藍色是給予沉靜舒適感的色彩。人們輪流進入紅色房間和藍色房間，直到待滿 20 分鐘後再走出來。實驗結果顯示紅色房間的人們散漫不安，而且會提前走出來，反之，藍色房間的人們從容不迫地停留更長時間。兒童房的室內設計喜好藍色系壁紙，也是因為這個緣故。

世界色彩研究所「彩通（PANTONE）」公布 2020 年的代表色彩是「經典藍」。鈷藍色、海軍藍、天空藍等各式各樣的藍色中，經典藍讓人聯想到傍晚淺藍色的天空，能讓想法沉靜穩定，給予冥想般的平靜感。由於嚴重又特殊傳染性肺炎（COVID-19）帶來不安、恐懼和憂鬱的時光，無限延伸到現在，「經典藍」彷彿訴說了我們需要的是什麼。**什麼能給我如同經典藍般沉著舒適的安心感？**

沁涼的秋風徐徐吹來，河水銀光波紋閃閃。沿著河畔行走時，彷彿聽見動人的豎琴聲，讓我沒有任何煩惱。

　　從洗衣機拿出毛織格子毯，晾掛在陽台的兩把椅子上，看起來就像不錯的沙發。這是在社會企業商店 GOOD WILL STORE 以特別划算的價格購買的挺不錯的毛毯。我就這樣擱置著，享受經典沙發的感受。捧著一杯茶，坐在不錯的沙發上暢享秋日陽光，不用花錢就能隨時展現優雅。和媽媽在有環形小徑的公園裡散步，走在高大樹木環繞兩圈的狹窄小徑上，彼此分享各種話題時，溫和的微風吹來有如平靜的背景音樂在我和母親之間流淌著⋯⋯如此平凡的日子，多麼珍貴啊。

　　這幾天在筆記本上寫下經典藍的感受，有時偶然雲淡風輕的掠過，但只要一開始思索，經典藍的平靜就伴隨句子出現。

寫心事
練習　*46*

寫下讓你穩定平靜的人事物

最近帶給你有如經典藍穩定平靜的人事物是什麼？想出 5 件事寫下來。

隨即感到輕鬆愉快

蒐集讓我心情愉快的話語

在眾多電視台頻道中，我特別鍾愛 EBS。它充滿著各種營養滿分的內容，讓人聯想到人文學報告。雖然看的次數不太頻繁，不過只要我手持遙控器，就會不知不覺切換到 EBS 收看。有一天晚上 12 點過後，當我打開電視轉到 EBS 頻道，熊熊燃燒的柴火占據了整個畫面。攝影機靜靜地固定在柴火前，沒有切換到下一個場景，畫面上方出現了標題「靜靜地發呆 10 分鐘 TV」。

哇！真稀奇。

我彎著上身，開始安靜地凝視燃燒旺盛的火焰。在畫面消失前，我這樣一動也不動。過了極度漫長的 10 分鐘，讓繁瑣小事佔據的複雜頭腦和內心稍微清空了。可是這並不僅要歸功於燃燒 10 分鐘的火焰，看到「靜靜地發呆 10 分鐘 TV」這個標題的瞬間，似乎讓我的心中留下了空白。安安靜靜地發呆 10 分鐘，是 9 年

前在印度瓦拉納西恆河畔發呆後，就不曾嘗試過的事。

「靜靜地發呆10分鐘TV」是播出不到1個月的新節目。「靜靜地」、「10分鐘」、「發呆」和「TV」的組合，我想向用如此帥氣的想法挑選奇特標題的製作小組致敬。

靜靜地發呆10分鐘TV，這是多麼從容又讓人欣喜萬分的話語啊！因此我思索讓我心情愉快的話語，想到什麼就寫下來。

世上所有的樹木；沿著房子旁的河流綻放的花朵；我畫的色鉛筆畫；「一起做吧！」；「你的房間真漂亮啊！」；下雨天的雨中散步；在小電影院 Emu Cinema；Cine Cube 光化門；Tree Planet 寄來的伴侶植物故事；「我跟你有同樣的想法」；表情豁然開朗；張開大嘴的父親無聲地笑；開懷大笑的母親笑聲；天空和風和星星和詩；「碰面一起走路」；清晨7點，在似醒非醒之際收聽的收音機時事節目；星期一早上11點「KBS音樂室」的鋼琴沙龍廣播節目；每周六晚上邊喝啤酒邊收看的 EBS 「世界的名畫」；BTS 防彈少年團；BTS 防彈少年團的 V 和 Jin；<Epiphany> 和 <風景>；詩格洛絲 Sigur Rós 和辛蒂‧薩拉 Hindi

Zahra 的歌曲；旅遊地龍坡邦、伊士坦堡、巴塞隆納和哈瓦那；濟州島、萬里浦樹木園和東海岸海岸道路；效仿英國早餐的我的早餐；製作滴濾式咖啡和蘋果派一同享用時；市區巴士上螢幕顯示的「即將到站：146」……有這麼多讓我心情愉悅的東西嗎？隨即感到輕鬆愉快。

當內心烏雲籠罩時，或突然什麼都提不起勁時，找出值得一試的事，以及讓自己心花怒放的話語，像玩遊戲般去嘗試，是不是也挺不錯的呢？

寫心事
練習 47

寫下讓你心情愉悅的話語

回想讓你心情愉悅的話語，並逐一寫下來，之後還想到什麼，就再添加上去。然後從頭開始閱讀它，情緒低潮的狀態就會有明顯好轉。

分泌幸福賀爾蒙

古巴旅行筆記

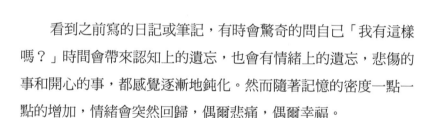

　　看到之前寫的日記或筆記，有時會驚奇的問自己「我有這樣嗎？」時間會帶來認知上的遺忘，也會有情緒上的遺忘，悲傷的事和開心的事，都感覺逐漸地鈍化。然而隨著記憶的密度一點一點的增加，情緒會突然回歸，偶爾悲痛，偶爾幸福。

　　我是那種旅行時會忠實記錄每一天的類型，遠方旅行更是如此。尤其脫離瑣碎的日常生活，在自由自在的狀態下遇到的事物更無法就此帶過。我喜愛走很多路的旅行，但到了晚上幾乎累到走不動，不過每天都不忘用文字紀錄那一天。我不怎麼在意文章最後的成果，隨心所欲地想到什麼就寫什麼。下苦功寫作，直到發睏到字跡變得歪歪扭扭，才心甘情願前往夢境國度。這樣書寫的旅行日記，在記憶森林的角落形成了精彩的樂園，偶爾造訪，**倚靠在美好記憶的樹木上，就能分泌幸福荷爾蒙，神清又氣爽。**

我寫這篇文章時，打開了 2017 年冬季古巴的旅行筆記。當清晨悄悄探出頭來，我讀著那天寫的文章。

徹夜刮著風雨，防波堤另一頭的加勒比海，烏雲密布波濤洶湧。我從 11 樓民宿俯看馬勒孔區（Malecon）的防波堤和加勒比海，景色深深地震攝著我。正在陽台工作的老爺爺開玩笑地跟我眨眨眼，向我道「Buenos días（早安）」，我也說「Buenos días（早安）」。

馬佳利奶奶準備的豐盛早餐深得我心。厚實的木瓜和鳳梨切片、1 瓶芭樂汁、至少用 2 顆蛋做的大份量煎蛋、剛從烤箱內取出的 2 顆札實麵包、奶油、起司、火腿、盛裝在保溫瓶內的濃縮咖啡和溫熱的開水，雖然幾乎沒有主菜，但份量十足。住宿費一天只要 5 披索（5CUC），要是當時沒殺價，有可能連龍蝦都會端上桌，然而這種程度已經算是挺不錯的了。

我切開一個麵包夾入餡料，當作走路時肚子餓的點心。

我送給奶奶從仁寺洞購買的傳統花紋杯墊。昨天入住時購買

的玫瑰花，在餐桌上恣意盛開，裝在水晶玻璃瓶內，顯得更加瑰麗。奶奶擁抱我，摩擦臉頰，嘴巴發出親吻啾啾聲。

　　一行一行的閱讀筆記，感覺寫作的期間像被馬佳利奶奶擁入懷中般溫暖。這是我短暫前往古巴哈瓦那，親身投宿在馬佳利奶奶家時所看到的馬勒孔區和加勒比海。

寫下讓人會心一笑的記憶

即使和旅行無關也無妨，縱然不是特別的事也無所謂。找出「啊！當時真的好幸福喔！」讓人會心一笑的記憶，寫成文字。當子音和母音相遇，幻化為文字的期間，會再次讓人心跳加速、嘴角上揚。「我什麼時候感到幸福？」無需想得太多，寫下提問後初次浮現的念頭即可。若沒有立刻浮現的畫面，那就稍做等待，一定會有記憶從大腦的儲藏室中探出頭來。

請你現在瞬間移動到人生最幸福的過往時刻，在眼前重現那天欣喜萬分的事件。用鮮明的五感去感受當時的情緒，並寫下那天的場景、情緒的所有一切。

瞬間轉換心情

讓我幸福的東西

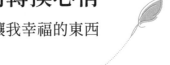

　　如同頭痛時服用的頭痛藥，有個方法能立即撫慰煎熬的內心。拿出一張紙詳列出「讓我幸福的東西」。相較於一輩子只有一兩次特別幸福的時刻，只要翻找出能隨處找到的小確幸即可，更重要的是它要很容易找到。若想安撫喧鬧吵雜的心，幸福的種類越多越好。

　　用幾個單字或幾個詞組成的句子，一段句子或幾段句子組成的短文等，任何形式都無所謂，隨心所欲的寫下來，就是用這種方式。

讓我幸福的東西

　　結束下定決心展開的大掃除時；今天早上遇到的鄰居稱讚說「帽子好適合你喔！」；YOUTUBE 演算法找到的藝術家羅納‧

莫里斯；在陽光燦爛的日子一邊吃冰淇淋一邊走路；和朋友見面兜風、吃飯、喝咖啡，喝著咖啡聊天；濟州島家族旅行——透明澄淨的陽光，配上閃閃發亮的翡翠綠光海洋和湛藍的天空，從山坡上眺望的圓形平原和潔淨的微風氣息，買一籃由海女打撈上岸的鮑魚；準備特別大餐的清晨，和平的３月；所有季節的所有樹木；妹妹叫喚我的聲音「姐姐～」；Ｊ出版社寄來的新刊贈書和最新企畫的雜誌；第７次「鷦鳥信」中相遇的《西蒙・韋伊火花的女子》，20 歲時讓我初次著迷的女性西蒙・韋伊；換上作家 K 送的　BTS 防彈少年團 V 翡翠綠色人偶衣服後產生的力量；環顧我用創意裝飾的房間時……

　　讓我幸福的東西持續很長時間時，如同飄散香草香氛的舒適感，也撫慰疲憊的心靈。就像觀賞美麗的圖畫和聆聽動聽的音樂時，感覺得到了療癒。只需要幾分鐘，洋溢幸福感的單字和簡短的句子，可以淨化混濁的心靈，轉換心情。

寫心事
練習 *49*

寫下微小簡樸的幸福

什麼讓你幸福呢？做什麼讓你感到幸福呢？隨手寫下微小簡樸
的幸福。

CHAPTER 08

將雜亂的意識轉換爲專注

比藥丸更有效的《小王子》文章

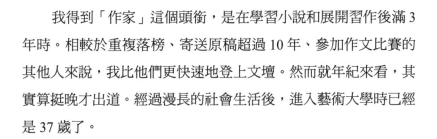

　　我得到「作家」這個頭銜，是在學習小說和展開習作後滿 3 年時。相較於重複落榜、寄送原稿超過 10 年、參加作文比賽的其他人來說，我比他們更快速地登上文壇。然而就年紀來看，其實算挺晚才出道。經過漫長的社會生活後，進入藝術大學時已經是 37 歲了。

　　通過關卡後，實現偉大功績的「登壇自我慶祝」時期，好像馬拉松選手完成 42.195 公里後，在終點線朝著觀眾席揮舞雙手般這麼短暫。對晚入行的新人作家來說，只有一點點樂觀的期待，煩惱卻是多到數不清。在目前的文壇環境下，若不是特別出色，或因為其他理由格外耀眼醒目，就很難拿到稿件委託案，「該賺錢」的壓迫感，經常讓人全身難受，除了要比其他人更加倍努力的逼迫寫小說的同事外，也經常處於不怎麼和人群接觸的孤立狀態，如更換電話號碼、不申請變更通知服務、和許多人長期斷

絕聯絡。雖然不是刻意這麼做，但是已經變成這種狠毒的人。

再加上近一年我經歷了堪稱藝人職業病的恐慌障礙。重複的出現頭痛、消化不良、胃炎、體力衰退、胸口疼痛、心律不整等症狀，被快要死去般的恐懼苦苦折磨，是一段黑暗陰鬱的時光。除了家人以外，我沒有將這個事實告知親暱的朋友。不，在驚慌失措又突如其來的狀況下，我無法做出任何解釋，所以選擇獨自孤立。

我在讀書會聚會時，由於呼吸困難被送往醫院急診室，得到「無任何異常」的診斷後，有好幾天如同屍體般攤在床上。直到有一天我去圖書館借書，遇見了遺忘已久的他——小王子。我從擺放語文書籍的書架上取出《小王子》，和其他書一起借閱後返回家中。不曉得是即興借書的習慣使然，還是偶遇美麗文學的鄉愁突然一股腦湧上來，我煮了溫暖的晚飯享用後，坐在床上開始閱讀《小王子》，然後放下書，取出鉛筆和筆記本。以下是吵著要畫羊的小王子和「我」的對話，我開始一行一行的抄寫兩人一來一往的對話。

喂，請幫我畫一頭羊。／什麼？／要幫我畫一頭羊。／可是，你在那裡做什麼呢？／要是你不介意的話，幫我畫羊。／這……／

這是箱子。你拜託的羊就在裡面呢。／啊，這就是我想要的東西啊。可是，羊好像要吃很多草？／為什麼呢？／我住的地方太小了呀……／這樣應該就夠了吧。我畫的羊是非常小的羊。／不算太小啊……喔，睡著了……

這個東西是什麼？／這不是普通的東西，是會飛的東西喔！飛機，我的飛機。／什麼！叔叔是從天空上掉下來的嗎？／對。／哇！真有趣。／……／所以叔叔是從天空來的嗎？是從哪顆星星來的？

《小王子》和我之間沒有任何連結，但我的喉嚨像針扎似地疼痛。隨著我繼續抄寫，某種感受熱騰騰地湧上心頭，如同在荒涼的沙漠中徘徊，發現花草樹木茂盛的綺麗庭園……雖然不是很明確的抓住感覺，但那是對遺失的東西和拋棄的東西的懷念之情。

此時若有時光倒流的時空旅行，小王子來到我身邊對我說的

一句話，或許會引用電影《哭聲》的經典台詞「有什麼重要的！」

雖然抄寫完《小王子》的對話後，恐慌障礙依然持續著，不過稍微有改變了。我的最終救援者，不是醫生，也不是諮商師，是自行在沙漠降落的我自己。比起接受藥物幫助，更重要的是找回失去的日常生活和失去的關係。抄錄《小王子》，仔細咀嚼話語，比藥丸更具藥效。那一天打電話給很久沒連繫的朋友，她說曾有衝動想去警察局「尋找失蹤人口」，這些話讓我又哭又笑。自行失蹤的我回到了原來的地方，胸口是如此悸動，而指引我的是我抄錄的單純文章。

謄寫雖然是單純的作業，但從中得到的好處也不少。好文章滲透到內心時的滿足感，就像用筆跡填滿空白筆記本一樣豐沛，超過謄寫時花費的力氣。醫學上也認證謄寫有助於內心療癒。書寫的行為本身，可活絡掌管語言功能的額葉、頂葉等，有時也會用謄寫當作病人輔助治療法。

誠心誠意的謄寫，是將我的意識從雜亂轉換為專注狀態。專注也是幸福的狀態。專注在某件事上，忘了時間、空間和人的瞬

間，是心靈最穩定平和的時刻。**再加上「書寫」是帶來意識變化的有效方法**。文章內蘊涵的意義、情緒、想像力和觀點會刺激意識，產生嶄新的能量，還能帶來改變生活態度的意志力。

可以先看書，將喜愛的句子抄寫到筆記本內。接下來選定一本想謄寫的書，在每天謄寫一部分。期待著空虛的心長出新肉，奄奄一息的日常，在充電後將充滿活力。

讓你變得更好的書寫

最好的謄寫圖書，是讓你僵硬緊繃的心變得柔軟溫馴的書，是讓乾枯貧脊的心變得潮濕滋潤的書，是撫慰疼痛的書，是將繁雜的心思整頓成清晰的書。若很難謄寫一整本書，挑選章節謄寫也無妨。

若一時還找不到適當的書，就尋找優質書評的書。一定會出現想要用手寫文字抄錄的書。

首先準備喜歡的筆記本和鉛筆，接下來挑選寫滿了你缺乏、想填補的和讓你變得更好的書之後，開始謄寫。

今天在我身上
出現的各種小奇蹟

日

CHAPTER　09

常

擺脫憂鬱的情緒

心情愉快的星期日清晨

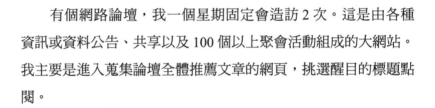

　　有個網路論壇,我一個星期固定會造訪 2 次。這是由各種資訊或資料公告、共享以及 100 個以上聚會活動組成的大網站。我主要是進入蒐集論壇全體推薦文章的網頁,挑選醒目的標題點閱。

　　星期天,沒來由的從一大早就心情煩悶沉重,連身體都變重,賴床到早上 11 點才離開床鋪打開電腦。查詢新聞 15 分鐘左右之後,連線到這個論壇,進入推薦文章的網頁,隨意挑選幾篇文章閱讀。

　　當我正打算離開論壇時,某個標題讓我猶豫是否要按下滑鼠右鍵。我對於網站上他人的私下言論其實不太感興趣,不過由於星期天早上心情有些憂鬱,我點選了標題「難得來臨的心情愉快的星期天清晨。」

　　雖然有點早，我不知不覺的睡著了，被雨聲自然喚醒的早晨。

　　窗戶上雨滴凝結。呆呆地望著遠處模糊的後山 10 分鐘，我的身體難得舒暢清爽。

　　昨晚在廚房設定好的冰滴咖啡都沖好了。本來想要調整咖啡水注的速度閥，卻不小心睡著了，即使沒那樣做也都完成了，就好像有人替我做好的感覺。下著雨，也有咖啡相伴。

　　現在要從冰箱裡翻找出剩餘的蔬菜，做煎餅來吃。

　　大家都過著愉快的假日。

　　這段文字，有如清澈的雨滴觸動我的心頭，雖然不是多了不起的故事，但就像星期天的早晨，安靜的關上雨滴敲打的窗戶後，看見如水墨畫的後山景色，聽見徹夜一滴一滴滴落的咖啡……這樣也算是心情愉快的早晨，是多麼無欲無求的幸福感，再加上期盼大家過著愉快假日的心意。看完「難得來臨的心情愉快的星期天清晨」這篇文章後，感覺上傳這篇文章的人，為了得到微小和樸素的幸福，一整個早上都費盡心思。

　　我也為了擺脫潮濕又煩悶的心情，寫下發掘到小確幸的文

章：

昨晚用神奇海綿擦拭乾淨的房間地板，新舖上了灰色床墊；星期天簡單的第一餐，等待著我的是全穀麵包和奶茶；讓我笑出聲來的歌手 Zico 的 <Any song> 歌詞……

對，這種程度至少已經「很不錯了」。

寫心事
練習 *51*

寫下小確幸的文章

你是否有情緒低落、沒有任何好轉的日子？想輕鬆地展開一天嗎？找出簡單的文章，像竊竊私語般寫下足以讓五感復甦的小確幸文章。

幸福立刻現身

「我創造的幸福」食譜

「你現在幸福嗎？」

當一個星期內好幾次有人這樣問你時，你可以毫不猶豫回答「那當然！」儘管幸福的基準會有些微差距，但在日常生活當中會回答「我現在很幸福」，或會這麼想的人似乎不多。

或許就像《青鳥》童話裡的兄妹吉吉兒和米吉兒一起前往記憶的國度、夜晚的宮殿、月夜的墳墓，在四處尋找幸福青鳥一樣，深信幸福就在遠方，但是她們當時並不知道其實幸福就在自己的鳥籠裡，也就是近在身邊。

南韓法頂大師說「幸福不會從外面來。幸福會從我們心中散發。」意思是幸福不是從外界得到的，而是從內心創造的，誠如吉吉兒和米吉兒在身邊的鳥籠找到青鳥。要不要根據法頂大師的

幸福論創造出「我創造的幸福」呢？先制定幸福的主題，取得幸福的材料，就能創造出眼前的幸福食譜。

相較於偉大又複雜的食譜，我更推薦能輕鬆做到的簡單食譜。**只要張開心靈之眼，超級簡單的幸福就會現身**。只要擁有幾個食譜，當一星期內遇到一兩次有人問你「你現在幸福嗎？」的時候，你就能回答「對！」。這樣的幸福食譜如何製作呢？

幸福菜單：痛快休息的週末 1、2、3

<食譜 1>

● 材料： 充分的睡眠、緩慢的速度、FM 收音機、寵物或陪伴植物、 咖啡＋土司

● 幸福料理法：

① 睡到陽光懶洋洋地灑進來再起床，用平時動作的 0.5 倍速度，緩緩的行動。收起所有擔憂。

② 打開 FM 收音機，調整頻率找到喜愛的頻道，和寵物或陪伴植物玩（FM 收音機特別適合度過休息時間，相當有趣。觀察植物的成長、澆水、撫摸葉子就是療癒）。

③ 用咖啡和土司的簡單早餐來果腹（烤土司機叮一聲後，
土司跳出來的輕快感！）用在民宿吃簡便早餐的心情，
和烤得酥脆的土司搭配手沖滴漏式咖啡（香甜的三合
一咖啡也 OK）一起享用。不夠的話，再加上煎蛋。

< 食譜 2>

● 材料： 無念無想散步 30 分鐘、炸醬泡麵＋浣熊麵＋牛肉
＋點心購物行、炸醬浣熊麵、純情漫畫、抒情風音樂

● 幸福料理法：

① 穿最舒服的服裝外出做的事，除了散步外，就沒有別的
了。在社區內慢悠悠地走路 (若有寵物犬，當然可以一
起散步)。

② 走進超市參觀各種食品，買了「炸醬泡麵」、「浣熊
麵」、牛肉和喜愛的點心（逛超市比逛百貨公司有趣
10 倍）。

③ 回到家煮炸醬浣熊麵吃，洗碗就留到之後再說。

④ 從網路漫畫 WEBTOON 中找出推薦的純情漫畫，一邊
吃零食，一邊快速翻閱。播放柔和感性的抒情音樂當
背景，更是錦上添花。

<食譜 3>

- 材料：社區美食店、公路電影、1 罐啤酒、保持悠閒
- 幸福料理法：

① 在社區美食店享用豐盛的晚餐。

② 拖延已久的洗碗和最小限度的打掃，洗個清爽的澡。

③ 專注觀賞網路平台NETFLIX找到的公路電影。半躺著，飲用清涼的啤酒，跟著電影興味津津的旅行（強力推薦用韓國的電視台 EBS 「世界的名畫」或「韓國電影特選」來代替 NETFLIX 尋找電影）。

Tip：為了到最後都能享受痛快休息的週末，趕走隔天上班的焦慮。

幸福菜單：感謝

<食譜>

- 材料：「謝謝」、「祝你有美好的一天」這些善意的話語、開朗笑容
- 幸福料理法：面對一天瑣碎的事，都加上露齒的開朗笑容，還有好評的稱讚，說「謝謝」、「祝你有美好的一天」。

這是超簡單的食譜，但卻是讓對方和「我」都幸福和效果滿分的方法。

寫心事練習52

寫下「幸福」的料理食譜

你現在想做一道名叫「幸福」的料理，寫出該料理的食譜。

挑選足以當作藥方的文章

成為日常力量的 7 種文章

　　人生電影、人生照片、人生旅行、人生名言等，以「人生」當作形容詞的單字開始流行起來。若要形容自己的特別經驗、發現或結果是傑出的，就會加上「人生」這個單字。其中也有「人生文章」，主要是從東西洋古典名著、名著小說、世界名人留下的名言中，找出珠玉般的句子。世界上好文章何其多，你可以更改或新增為自己的人生文章。

　　也有難以定義為人生文章，卻吸引我的文章。我最近常反覆咀嚼的文章是《希臘左巴》作家尼可斯・卡山札基親自撰寫的墓誌銘「我一無所求，我一無所懼，我是自由的（I hope for nothing. I fear nothing. I am free.）」，這是我認定為未來人生旗幟般的文章。最重要的是好帥氣，他拒絕成為恐懼的慾望奴隸，活得自由自在隨心所欲。雖然我無法像奇人左巴那樣自由地盡情享受生命，卻期盼能像尼可斯・卡山札基的墓誌銘寫的那樣

生活著。

　　但是人生文章無法成為所有日常的力量，因為人間世事大多是以多元又複雜的樣態發展。我曾想過這種方法，就是用人生文章穩住重心，對日常瑣事夾雜的不安、黑暗和令人喪氣的情況有幫助的文章，依據主題分類放在身邊，舉例來說「成為我日常力量的 7 種文章」之類的。

1. 要做的事不順利時：「目前的辛苦至少能成為未來工作的墊腳石」
2. 有快要落後他人的焦急感時：「展現我特有的細膩，用我獨有的速度前進。」
3. 覺得我缺乏百分之二的能力時：「第一，少了百分之二代表我幾乎是百分之百。第二，缺乏的百分之二，能成為幫助我的人的快樂。」
4. 找不到人生的方向而徬徨時：「徬徨行走，鞋子後跟磨損多少，我的人生肌肉就變得更強健。」
5. 擔憂貧窮的老後生活時：「用小規模生活方式，讓心靈的行李減少一半。」

6. 忌妒某人過得順利時：「忌妒會降低人的品格。省下忌妒的力量，用在我自己身上。」

7. 精疲力盡倦怠時：「亮起紅燈，先停下來。無條件擁有自己的專屬時間。」

若是平常大致上過得幸福，只需要準備 3 種，若是平時過得刻苦艱辛，也能準備 10 種。當生活亮起不尋常的警告燈時，從自己製作的處方文章中挑選足以當作藥方的文章，一天仔細的咀嚼 3 遍。

寫心事練習 53

寫下成為你的力量的文章

什麼情況會讓你的日常生活變得沉重、不安、喪氣？根據不同的情況，準備可以成為你的力量和有幫助的文章。

維持幸福感

每天 3 件好事

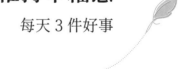

從北歐旅行回來的朋友那裡得到珍貴的禮物。那是朋友在愛沙尼亞塔林的工會團體買回來的手工皮革筆記本。

帶有中世紀花紋的深褐色皮革封面，配上厚實粗糙的紙張，看起來相當不平凡。若是到了當地，或許到處都是類似的筆記本，但這是世上獨一無二的筆記本，外觀非常特別，讓人捨不得用，於是有一陣子都被我供奉在書櫃中。有一天我的腦中浮現了新穎的標題「每天 3 件好事」。對，就這樣寫吧！

「每天 3 件好事」是從正向心理學家馬丁‧賽里格曼的實驗中開始的。他以大學生為對象，叫他們每天用文字寫下喜愛的 3 件事和原因。接下來會發生什麼事呢？

1 星期後，學生們感受到比以前多了百分之二的幸福感，1

個月後感受到多了百分之五，6 個月後變成多了百分之九。只不過是寫出 3 件做過的事、喜愛的事，成效是不是很驚人？

可是在寫滿手工皮製筆記本的 2 頁後，我才發覺……那還真不簡單。喜愛的事沒想像中那麼多，有時找到 3 件事，有時只能勉強想出一兩件事，咬著原子筆蓋，絞盡腦汁才勉為其難地擠出剩下的那一件。 不過我在填滿 4 頁後，領悟到勉為其難是為了想出「每天 3 件好事」的祕方。仔細回顧一天，逐一翻找，開始有找到好事的感覺。

追求好事的人，更容易看到「好事」。於是我開始書寫「好事」，例如偶爾才造訪的貞洞咖啡館 L，變成了有戶外餐桌的巴黎幽靜街頭咖啡館，撫慰了旅行渴望；媽媽做的小菜儲藏室，變成母女故事熟成的故事箱；過了豐饒的季節，偶然造訪的南山路，遇見 11 月開滿花的樹木，感覺變成一條新的路。

「每天 3 件好事」是我建議一定要嘗試的寫作。1 星期會增加百分之二的幸福感，1 個月後增加百分之五，6 個月後增加百分之九。確實感受到馬丁·賽里格曼的實驗結果有加倍膨脹的效

果，但是必須每天執行才能感受到效果。若是跳過幾天，幸福的體積就會依跳過的比例縮小。以過來人的身分而言，**與其隔幾天才寫 3 件好事，不如每天寫一兩件事，才能好好維持幸福感。**

寫心事練習 54

蒐集快樂時光的寫作

準備喜愛的筆記本，開始展開「每天 3 件好事」的書寫。將這本筆記本當作不可或缺的必備品，放進書包內，將當下發現的好事和好東西記錄下來。或是在睡前結束一天之際，將質樸閃耀的瞬間逐一蒐集起來放入筆記本內。這樣執行後，你或許會推薦身邊的人用蒐集快樂時光的寫作進行「每天 3 件好事」。

寫下今天行程中喜愛的或是有意義的 3 件事，一併寫下理由。

將內心的缺口復原

用日常記錄幫生命澆水

　　有個朋友長期經營部落格，記錄自己的日常。她擔任教職，參加出版社審書團活動，尋找有助於寫作的演講，過得像蜜蜂般勤勞充實的忙碌生活。這位朋友有一天跟我聯絡，說她要出書。她集結了部落格內的文章，並隨機將原稿寄給大多數的出版社，最後收到其中一個出版社的回覆。

　　本來覺得她寫文章只是勉強能閱讀，但是我的想法稍微改觀了，第一次覺得這是一件「好事」。普通日常的隨想和嶄新的發現，反而能引起更廣大的共鳴。

　　朋友不再是讀者了，變成了作者，出版自己的書，得到了鼓舞，這是理所當然的。平凡的主婦兼上班族，不需要自費出版書籍，這不是人人都能隨便得到的機會。我也樂意提供協助，幫忙寫放入後頁的推薦序。這是為了朋友增添一份細心的愛意，幫助

她以升級一個階段的姿態來寫作。

還有更重要的一件事，就是我想給「幫我的生命澆水」寫作的朋友帶來力量。在一般人眼中，這位朋友不是富有到無須擔憂生活，可是我卻能從這位朋友身上感受到他人沒有的豐富情感，而她也是基於這個理由寫作。

關於文字的力量，有句老生常談的話是「筆誅勝於劍伐」，改成這樣如何？「筆更勝於金錢」。有人用高級的服飾、食物，或花費昂貴的運動、文藝生活、奢華的用品來填補人生空虛，他們從手指尾端到腳底用優雅武裝，希望自己的人生在他人眼中看起來很不錯，不過只要稍稍鬆懈，就會從他們的表情透露出枯竭的靈魂。

最糟的情況是這個時候，當某人說「我遇到不幸的事」，我們卻暗暗竊喜，彷彿遇到同溫層，安慰著不幸的對方。哎呀，人生空虛時，用寫作代替花錢吧！花越多錢，內心的黑洞會越來越大，但寫文章，寫得越多就能填補心中的黑洞。**寫作的重要功能之一，就是將內心缺口的部分復原。**

寫心事
練習 55

蒐集閃耀的瞬間，復原內心的缺口

記錄日常的小發現，打造你專屬的儲藏室。用不錯的筆記本也好，用部落格或 Instagram、臉書這類的空間也很棒。慢慢蒐集閃耀的瞬間，成為你的專屬基地。從今天開始一起寫吧！

回憶過去美好，撫慰身心

我的房間旅行

　　有時我的家會對我深情的說「看看我吧」。緩緩的檢視，家中每個角落的故事都閃耀發亮。這些是填滿小空間的物品訴說某個時刻的故事。今天是書架上、貼在帆布框的照片和畫在呼喚著我。

　　暫時旅行到過去的那個時光，彷彿聽到那天撲通撲通的心跳聲。吸引我目光的是舞蹈家的黑白照片，那是很久以前去 M 家玩時拿到的。M 展示來自俄羅斯的天才芭蕾舞者瓦斯拉夫・弗米契・尼金斯基的海報這樣說道「從這裡選一個妳最喜歡的東西帶走吧！」

　　M 身材嬌小，唯獨瞳孔閃閃發光，對於朋友既慷慨又大方，沒什麼捨不得的。我讚嘆萬分，她叫我從書上撕下一張，我也不拒絕的隨即挑選了那張照片。我被尼金斯基精湛的表現力和自信

模樣深深吸引。M 連我有這張照片都不記得了，因為她給過我很多東西。

　　長手指圖畫是我去 A 藝術高中上課時，S 給我的，這是一幅讓我特別珍愛的圖畫，標題是「門」。S 在上課後用圖畫代替文字交給我，因為他什麼都想不出來，才做了「其他事」。我欣然收下，建議他繼續畫畫。我感受到他擁有獨特的天賦。實際上看到這幅圖畫後，它美麗到即使掛在某家畫廊也不會感到驚訝。

　　雖然曾經考慮要不要放在畫框內，但是與其被監禁在框架內，還不如在框架外自由呼吸，因此就把它貼在帆布板上。之後 S 開始去社區畫室，只要一有空閒就畫畫，偶爾看到他用 KAKAOTALK 軟體寄來的人物素描，讓我好驚訝。我把他畫的木炭畫拿給畫家看，得到的反饋是「這種程度簡直是專業級的了」。能挖掘某人的才能，是無比幸福的事。

　　我之所以偶爾會環顧我的房間，好像是讀了薩米耶・德梅斯特（Xavier de Maistre）《在自己房間裡的旅行》之後。我喜愛書名和封面上綠色的古典椅子，所以馬上購買，也因此找出我房

間內的故事，沒有比這個更厲害的讀後感了。《在自己房間裡的旅行》是 18 世紀身為職業軍人的作家，為一場決鬥事件被罰關禁閉待在家中 42 天，在房間內創作的作品。用寫文章的方式在房間內旅行，這是嚴重又特殊傳染性肺炎（COVID-19）時期經歷心理和身體居家隔離狀態下美妙的旅行法。

寫心事
練習 *56*

寫下回憶過去的故事，安撫身心

將你擁有的物品（或是曾擁有的）物品當作素材，書寫物品帶領你回憶過去的故事。

一切都會跟著好轉

照顧內心的願望清單

每當年終到來，收到下個年度的月曆時，大家都會說「在新的一年……」，建立新年計畫或製作「今年的願望清單」，信誓旦旦要付諸實踐。儘管經常半途而廢，或是根本沒有成功，但只要到了下一個年終，又會再次產生新年決心，製作一年內想實現的願望清單，這都是為了過有意義的生活、自我成長和自我滿足，大部分人都會把焦點放在成果、成就和滿足的目標上，而且為了不要三天打魚兩天曬網，常常會像公告一樣對身邊的人宣布，或在部落格上公開。往往清單長到令人瞠目結舌，讓人懷疑是否能全部都記住。

可是更驚訝的是，清單上通常都不包含照顧內心的任務。心靈角落若是變得空虛失去平衡，不要說新計畫，就連日常生活也會變成麻煩事。就連不太嚴重的心理不安，偶爾也會隨時破壞心情。心能左右工作、人際關係，甚至健康等所有事物。因此察覺

並照顧自己的內心狀態，不是可行或不可行的選擇題，也不是一年一次的事，而是要隨時查看內心。

　　到處都有引發喜怒哀樂情緒的變數。季節開始時，迎接新月時，短則一周開始時，為了照顧心靈，製作願望清單吧。

　　「嶄新迎接新季節的心靈照顧清單」
　　「每月第一天（或是最後一天）的心靈照顧清單」
　　「讓一周平靜度過的心靈照顧清單」

　　清單不需要太多，只要徹底實踐一兩項，其他部分也會跟著好轉，這就是內心。盡可能詳細一點，如同要說服自己。像以下這樣寫如何？

- 減去 3 公斤體重：突然增加的肚子贅肉是我憂鬱的質量。一天減掉 100 公克，憂鬱的實體也會縮小。先購買捲尺吧！
- 一天 2 次，跟見面的人說美麗動人的話：說美麗動人的話，那個人也會用美麗動人的話回應，這樣一來，內心一天至少會有 2 次綻放出美麗的花朵。

● 無論做什麼，只專注在那件事上：沐浴時只是沐浴，走路時就只是走路，讀書時就只是讀書，和別人見面時只專注在那個人身上。像小孩一樣單純地專注在現在這一刻，會讓心靈變得更健康。

寫心事
練習 *57*

製作心靈照顧清單

為了健康的度過下個星期，製作心靈照顧清單。

改變一天的心情

在 youtube、臉書、部落格上留言

　　我雖然樂觀，不過情緒起伏過大，因此經常要調整心情，例如前往小電影院，埋藏在黑暗中專注在電影上；將收藏的音樂音量放到最大聲，依序播放收聽；散步到體力不支；或和朋友聊天到肚子餓，再投入吃播（有可能會改變順序）等。不只是我，這也是許多人嘗試的轉換心情的方法，或者寫出讓海豚跳舞的「好」留言，用一兩行短文傳遞好感，激發內啡肽，讓自己面帶開朗的微笑。寫這些留言，適合在不錯的 youtube、臉書或部落格上。

　　今天，當我寫這篇文章時，不知為何從早上開始就悶悶不樂。最近健康狀況惡化的朋友，氣色很差地出現在我夢中，不曉得是不是因為她總是很固執，忽視我給她「喝好茶」的建議。我隨便吃了「早午餐」，前往常去的咖啡館，連線上網。在入口網站上點閱吸引我的文章，並且造訪常去的論壇，看了一些上傳的

文章後，轉移至 youtube。

　　在根據演算法的頻道中，我挑選了最近才認識的一個音樂評論家的頻道，這是介紹古典、爵士、流行樂、嘻哈等各種音樂的頻道。當評論家們熱烈解釋不能錯過的名專輯——格連·顧爾德的巴哈《哥特堡變奏曲》時，我在中途停了下來找出那首歌，像我這樣不太懂古典音樂的人，也曾經在某處聽過的它。格連·顧爾德在 17 歲時第一次錄音，在離世前一年又重新錄製，共有 2 種版本，而我聽了這 2 種版本。

　　令我震驚的是格連·顧爾德在離世前錄音的演奏曲。這首曲子有如純粹的水滴緩緩滾動，行雲流水般精緻的鋼琴聲，讓我暫時屏息。謹慎進行的變奏曲出奇的抒情優美，而且能感受到既美妙又圓潤的節奏感。音樂和窗外的春日融合在一起，我不禁發出「啊！」由衷的感嘆聲，櫻花在柔和的風中隨風飄散飛舞，我憂鬱的情緒頓時變得清澈澄淨。聽完音樂後再次回到 youtube 聽完節目，接著寫下留言。

　　用眼睛觀賞櫻花花瓣飛舞的風景，用耳朵欣賞格連·顧爾

德的《哥特堡變奏曲》的時刻，在這專注集中的瞬間，今天這樣就足夠了，感謝！為了簡潔坦承的傳達「認真地聽了你解析的曲子」的心情，幾小時後我才寫了這個留言。

　　光聽你說的話就覺得美麗。非常簡短的答覆，讓我輕鬆開心。

　　在別人費心創作內容上留言，就會讓潮濕鬱悶的心情變得蓬鬆柔軟，就算有效期限只有一天，兩三行的留言就有這種效果，那就挺不錯了！心情鬱悶時，就在 youtube 的優質內容上，或在值得共享的臉書和部落格文章上，留下讚賞的留言，不僅能轉換心情，也會有自我滿足的功效。

寫心事
練習 *58*

寫下誠心誠意的留言，轉換心情

尋找內容優良的 youtube 影片或臉書、部落格文章，在喜愛的內容上寫下誠心誠意的留言。不過要避免誇張的稱讚，需要真心誠意。

第 三 篇

寫心事，
化解關係。

若想讓關係更親近

或是少一點不愉快

關

CHAPTER 10

係

和對方距離拉近了
敞開心扉的電子郵件使用法

包含各種機構、廠商寄來的廣告，還有朋友寄來的信，我的電子郵件信箱會在一天內累積了數十封郵件。有別於手寫信，收到電子郵件這件事，其實很少帶來喜悅。當然對於有禮貌又認真寫的電子郵件，我不會隨便看看，會認真拜讀，替內心注入力量，而且會用心盡量回信。

收到電子郵件時，最讓我激動的是從「有點交情」的某人那裡收到意外親密的文字，再加上不講究繁文縟節，**自然多情的文筆，會令我萬分感動**，彷彿和對方距離拉近了。

在 S 出版社出版了第四本書後，我收到了意外的電子郵件，寄件人是 S 出版社社長。實際上我很久以前曾經在某周刊的採訪報導上認識她，當時我們從沒見過面。我又驚又喜的點選「收件匣」，反覆閱讀內容，因為這封郵件實在太有趣了。簡單來說，

就是對我小說的讀後心得，不過感覺卻像是兩人輕鬆地面對面坐下，喝著咖啡自在聊天。

　　小說是關於古老的兩層房屋，到處都像多米諾骨牌一個接一個毀壞，是家人之間逐一產生裂痕的故事。社長寫了簡短的問候，說她讀了書之後「有東西從記憶的倉庫中悄悄爬出來」，她用這句話當作郵件開頭。

　　在 5 年級前，我也搬家過十多次。每次父親換工作，我們就不得不搬家。結婚後 15 年從一般住宅遷出，又過 10 年後搬到大樓，共搬了 2 次家，奇怪的是我小時候的房子，或是結婚後住過的房子，房子的結構或櫃子、書桌的位置，院子內的花草種類和色彩，曾經發生的事件，每一件事都栩栩如生地還記得，但是住在大樓的記憶，絞盡腦汁才能勉強想起來，而且一點都不愉快。4 年前，終於成功逃出大樓，呀呼！

　　「呀呼！」讓我笑了出來。這是把「書是和大家一起好好生活的工具」當作座右銘的出版人，從她身上發出了猶如開朗少女的感嘆詞！若是有機會碰面，本來是該謹慎對待的對象，一下子

就變成舒服相處的對象。我透過新聞報導對她累積的好感，擴大變成了 2 倍。只是一封電子郵件，用極酷又用心的自然文筆，比起拘泥於格式有禮貌的文字更能帶來感動，彷彿各自的島嶼和島嶼之間延伸出道路。

　　我回覆了讀後感的感謝信，在出版社的尾牙和她初次見面。那天出席的人非常多，儘管我們只交換了簡短的問候，然而就像不是第一次見面般開心。過了一段時間，我前往 S 出版社經營的複合文化空間內的西班牙餐廳，遇見了圍著圍裙，在院子內打掃的社長。當時我們一起像陽光般燦笑，愉快談天說笑，這對於認生的我而言，是很罕見的事。這都要歸功於脫掉西裝，穿著便服來訪的電子郵件。

寫心事
練習 *59*

寫一封親密感的信，更能帶來感動

寫一封帶有親密感，不拘泥於格式的電子郵件，給雖不是最親近的人，卻想交談的人。

建立信任的關係

某個後輩給我的驚喜

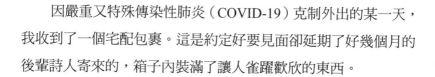

　　因嚴重又特殊傳染性肺炎（COVID-19）克制外出的某一天，我收到了一個宅配包裹。這是約定好要見面卻延期了好幾個月的後輩詩人寄來的，箱子內裝滿了讓人雀躍歡欣的東西。

　　一個筆袋，裡面裝有：自動鉛筆和鉛筆，還有 2 支彩色鉛筆、繪有貓咪圖案的小手冊、綜合維他命、書、肉桂餅乾，這個意外的禮物包，猶如聖誕老人造訪，心臟撲通撲通地跳著。雖然已經事先收到簡訊說沒見面的期間要送我的東西堆得越來越多，所以會用包裹寄來，但我真的好開心哪！因為既不是生日也不是年終，更不是值得紀念的日子收到的禮物。

　　可是讓我最感動的是別的，那是和小禮物一起抵達的卡片，是繪有一束鈷藍色花束的卡片。從青鳥信封裡取出卡片時，有近乎感激的感覺。這是至今為止，我收過的任何卡片或明信片當中

最美麗的作品。

　　打開卡片，上面寫的是初夏隨想滿溢的文字。開頭是「這個時局，是靜靜地看著特別送回來的玫瑰的時刻」，結尾是「渴望和前輩一起看電影、買美麗的筆記本、吃美味的食物、散步又散步，過享福的日子。我不擔心病毒，因為日常生活就是寶藏。在重逢前要記得吃維他命。當然還要記得吃飯。」現在這張卡片佔據了書架一角，每次看到它時，就猶如綜合維他命的養分，滿滿的灌溉我的內心。

　　嚴重又特殊傳染性肺炎（COVID-19）時代的溝通方式，我以為只有用電腦連結的線上影音會議、電子郵件和KAKAOTALK 聊天軟體。可是孤立感讓內心荒蕪的這個時代，即使不面對面見面，在卡片和明信片上寫上簡短的文字寄出去，就能感受到彼此很靠近，比影音會議、電子郵件和 KAKAOTALK 聊天軟體更溫暖，它超越了幾行文字的價值，成為信任的橋樑。

寫問候卡片給朋友，感受收信人的喜悅

想著好久不見的好友或朋友，寫下充滿多情問候的卡片或明信
片，接著跑去郵局用掛號信寄出。寄出同時先感受收信人的喜
悅。

與認識的人變得更親近

一張紙條延續的關係

很久以前我在職場上班時，從小出版社累積了 3 年經驗，換到 K 出版社後出版了第一本書，當我把訂正稿寄給作家時，貼上了一張便利貼，正確來說是這樣的內容：

教授，您好嗎？

南方春日的香氣日益濃郁。過了春寒後，喜歡散步的首爾上班族逐漸變多了。

我完成了教授的書第一校。我很喜歡原稿，校正時也沒遇到特別的困難，我有預感這本書會順利出版。

請您確認綠色筆標示的校正內容。

收到校正稿，第一頁是作者貼上的便利貼，取代了我的便利貼。留言不長，寫著南方的春日、校園的風景和瑣碎的想法，這和簡潔的文體相當搭配。我用便條紙寄出問候時，完全沒期待會

收到便條回覆。我的心情愉快，猶如收到意外的禮物。貼上便條紙問候的校正稿，就這樣來回交流了 3 次。

書籍出版時，教授來到首爾。第一次見面時他提到了便條紙的事。雖然他出版過許多本書，但還是第一次收到編輯便條紙，他全部都沒丟棄，妥善地珍藏著。實際上我也將教授的便條紙放在辦公桌的抽屜內，兩人以心傳心，相視而笑。

這位教授的下一本書也是在我們出版社出版。當時我也是責任編輯，將便條紙問候文字貼在校正稿上。之後的便條文字和書出版無關，偶爾也會交換問候。只是一張張便條紙創造的人際關係，沒什麼大不了的小小嘗試，卻變成人與人之間有趣的故事。

後來才知道便條紙經常是傳遞心意的生活媒介。

我房間書桌旁的牆壁，或是廚房流理台上，偶爾會貼上便利貼或紙條。而好友或一般朋友在非紀念日的某一天，貼在平凡禮物上寄來的便條紙，雖然句子簡短，但是承載的心意無比珍貴，我會把它們貼在醒目的地方，隔一段時間後會另外保存收藏。例

如，有這樣的留言：

　　若是妳覺得蒜薑太辣，切碎後放進炒飯裡吃。那是我用有機醬油做的。吃的時候醬料不要倒掉。^^

　　＊ 芝麻葉是我媽媽給的。

　　如此美好的心意，我怎麼捨得丟棄。只有手掌一半大小的便利貼紙條，比任何好聽的話，都讓我有更貼近的感受。這真的都要歸功於細心的手寫字與滲透到便條紙內的真心。

寫心事
練習 *61*

寫便條紙問候想更親近的那個人

有只是稍微認識的關係，或是初次認識的關係，但想變得更親近的人嗎？ 寫下沒有負擔的便條紙問候給那個人。便條紙和小禮物 （比如古老社區麵包店的手工麵包之類的）一起轉交，一定會變親近。

寫心事，解開心理的疙瘩

化身爲對方找答案

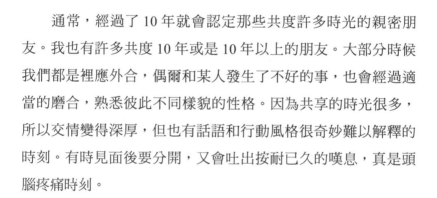

通常，經過了 10 年就會認定那些共度許多時光的親密朋友。我也有許多共度 10 年或是 10 年以上的朋友。大部分時候我們都是裡應外合，偶爾和某人發生了不好的事，也會經過適當的磨合，熟悉彼此不同樣貌的性格。因為共享的時光很多，所以交情變得深厚，但也有話語和行動風格很奇妙難以解釋的時刻。有時見面後要分開，又會吐出按耐已久的嘆息，真是頭腦疼痛時刻。

那天我和愛好相似、無論說什麼話都合拍的朋友 S 見面後，心情變得敏感。我們說好要一起見面吃午餐，當 S 抵達餐廳後，不知為何開始有些尖銳，吃飯變得不太愉快。當我說在家做夾蛋三明治吃的很開心、最近常看的 youtube 頻道的優缺點、學習諮商心理學的樂趣等這些不刺耳的話時，不要說有共鳴回應了，她冷淡的切斷話題，做出猶如乾吐司的表情，讓我快消化不良。

S 雖然稍微壓抑敏感的情緒，但最後在造訪的咖啡館內，始終都沒有放鬆僵硬的表情。她似乎察覺我累了，S 努力想轉變尷尬的氣氛，但我的情緒已經受到傷害，只想快點離開。

　　那一天我寫著日記，反覆思索著 S 謎樣的態度。

　　「到底為什麼？」，夾蛋三明治或是訂閱的 youtube 頻道、諮商心理學這類話題，就等於「我過得很好」……我寫下「當時我才剛度過艱難的時期，S 也非常了解我的情況」、「只憑認識的時間長短，不代表友情和愛情的堅固。」

　　再次寫下「到底為什麼？」時，我找到了一個被遺忘的事情。我當時把 S 健康亮紅燈和健康奮戰的事忘得一乾二淨。她身體偶爾有點異樣，突然出現不尋常的症狀，開始進出醫院，不久前才聽說減少了許多工作。我終於抽絲剝繭出 S 變尖銳的答案，並化身為 S，寫下答案。

　　健康情況不太好到每天都要緊張兮兮的地步，所以有一些事不得不放棄。許多快樂被迫中斷了，非常憂鬱。聽到朋友做夾蛋

CHAPTER 10

三明治的滿足感，或是收看 youtube 的感想，我都沒有心思拍手鼓掌……

這樣書寫後，我一點一滴地整理好自己的心情。作為朋友一起共度的時光，並不能代表友情的深度和真誠性，無論在任何情況下展現友好的態度，也不代表友情的真偽。因為在身為朋友之前，還是個人。

書寫大多是理性的行為，因此會比隨便整理情緒更容易找到最佳方向，搞不好也能解開心底的疙瘩。這是書寫具有的核心效應。

寫心事
練習 62

寫下無法理解的人的立場

有因為某件事，完全無法理解的人嗎？ 假裝是那個人，寫下可以解釋其立場的文字。

也想試著和不舒服的人好好相處

稱讚其他的優點

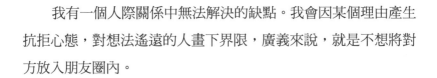

　　我有一個人際關係中無法解決的缺點。我會因某個理由產生抗拒心態，對想法遙遠的人畫下界限，廣義來說，就是不想將對方放入朋友圈內。

　　舉例來說：無論在何處都想成為主角的人、不帶真心隨便稱讚的人、和某人交流時更重視對方的名氣或影響力的人、把錢視為優先或是錙銖必較的人、政治立場和我相反的人、貶低不喜歡的特定人士而希望能和自己在一起的人，我無法對這些人輕易敞開心扉。

　　不過有一天我找到了方法，能輕鬆接受有抗拒感的人。我在朋友積極的勸誘下加入了以日文研習為目的的同好會。初次參加某大學日語教授帶領的聚會，那一天有個人吸引我的目光。在濃妝華麗面具包裝下加上不平凡穿著的 J，光外貌就足以引人注目，

我在研讀會結束前就已經察覺她特別想得到大眾的關注。她無法忍受大家對新人理所當然的關心，她的聲音夾雜著不耐煩，再加上她連平假名和片假名都不懂，看到發奮讀書的我得到稱讚，表現出難以控制的不悅表情，我也對J的態度很不高興，心想「我到底做錯了什麼？」總之，從那天之後，在每週一次的聚會中，J和我的摩擦不斷。

　我不擅長處理不舒服的人際關係帶來的壓力，因此考慮採用最快速的方法。是不是就不參加聚會呢？但就像幫小塊煎餅翻面般，情況其實不難改變，解決方法是將J這個人分成兩個人，和將我推開的J區分開來，我決定稱讚她的其他優點。對沒換上掛在家裡的衣服就出門的她說「妳已經夠漂亮了」。當老師無法參加，由她代替進行讀書會時，吹捧她「妳的說明比老師還容易懂」。

　這不是我隨口說說的話，實際上真的這麼想。即使很難對討厭我的她說出什麼讚美，但肯定她的穿著、飾品或日文實力，不需要下多大的決心就能做到。

255

之後雖然無法和 J 變得親近，但是我不再感到不舒服。這個聚會沒過多久就解散了，若是時間再拉長一點，或許會找到適當的溝通方法。若是難以改變對某人的艱難心情，那就寬容的看待他的其他部分，這是可以做得到的事。若能延續沒有爭執的關係，這也沒什麼做不到的。

寫心事
練習 *63*

寬容看待不舒服的人的其他部分

你有因為個性和不來，價值觀天差地遠，生活條件截然不同，讓你感到不自在的人嗎？ 對於和對方的性格、價值觀或是生活條件沒有多大關係的部分，寫下可以給予的好評價。下次遇到那個人時，用充滿朝氣的聲音稱讚他。

用書寫治癒朋友關係

愛貓的方式，愛朋友的方式

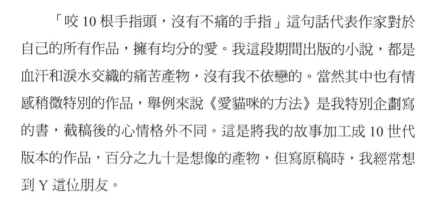

　　「咬 10 根手指頭，沒有不痛的手指」這句話代表作家對於
自己的所有作品，擁有均分的愛。我這段期間出版的小說，都是
血汗和淚水交織的痛苦產物，沒有我不依戀的。當然其中也有情
感稍微特別的作品，舉例來說《愛貓咪的方法》是我特別企劃寫
的書，截稿後的心情格外不同。這是將我的故事加工成 10 世代
版本的作品，百分之九十是想像的產物，但寫原稿時，我經常想
到 Y 這位朋友。

　　Y 可說是我好友中的好友，是特別的朋友，只要願意敞開
心，他就會掏心掏肺，真誠相待，就像毫無保留付出的樹木，不
懂得算計，會把自己的一切都拿出來的類型。在我的記憶儲藏庫
裡，有不少和那位朋友有趣或感動的時刻，可是 Y 和我之間，
在某個瞬間漸行漸遠，長達 3 年不聯絡，這也是我人生中最痛苦
的事之一。

問題是關於朋友之間的關係。Y 說若我們是死黨，就應該分享所有的一切，而我即使對好朋友，也會分為可坦誠相對的部分和無法表露的部分。我是在事件爆發後才領悟到我們有這樣的立場差異。如果我不說，選擇隱藏某個事實，Y 就會生氣爆炸。儘管我了解 Y 有充分的理由不高興，但這攸關某人的隱私，因此我會選擇沉默以對。雖然我試圖用「我就是這樣的人」來說服她，但是 Y 卻緊緊閉心門，過了 3 年才呼喚我的名字。

　　我猶如和深愛的人離別，心痛良久。在不和 Y 見面的期間，我將和 Y 的故事改寫成 10 歲少女的版本，撰寫出關於「愛朋友的方法」的小說《愛貓咪的方法》。書封繪有美麗的暹羅貓，深獲讀者好評。但是我最大的收穫是，**當我一句句寫著小說，了解了 Y 和我不聯絡的那段時間，同時也慢慢地治癒了疼痛**。寫這一本書時，我確認寫作真的能治癒心理。這時候是我進入文壇的第 13 年。

寫心事
練習 64

寫下彼此有什麼不同，治癒朋友關係

你曾經有因彼此對待的方式不同，導致親近的朋友或鄰居漸行漸遠的經驗嗎？先不論誰對誰錯，以「彼此有什麼不同」來書寫兩人疏遠的理由。從某個錯過的事件開始也好，說明個性、想法或表達方式有什麼差異，這樣開頭也無妨。

學習不傷害別人的自尊心

若想遺忘那個人的眼神

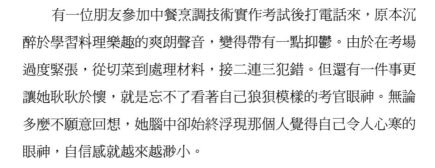

　　有一位朋友參加中餐烹調技術實作考試後打電話來，原本沉醉於學習料理樂趣的爽朗聲音，變得帶有一點抑鬱。由於在考場過度緊張，從切菜到處理材料，接二連三犯錯。但還有一件事更讓她耿耿於懷，就是忘不了看著自己狼狽模樣的考官眼神。無論多麼不願意回想，她腦中卻始終浮現那個人覺得自己令人心寒的眼神，自信感就越來越渺小。

　　我對那位朋友的話有百分之百的共鳴。我也害怕在別人面前參加考試，因為我是那種對於我自己的失誤和看著我失誤的人的眼神，相當敏感的人。首先我為了表示這位朋友的自責不太恰當，於是將箭靶轉向審查委員「這種場合你當然會緊張發抖犯錯。不是你的錯，是你太緊張了。考官不了解緊張的考生，用這種眼神看你，是那個人的錯才對。」接著要她想別的事，將那位考官的眼神拋到腦後。

之後我仔細思索，發現我說的建議，將考官的眼神拋在腦後，其實並不恰當。人們通常在別人坦承失敗的痛苦時，會這樣安慰說道「忘了吧！還有機會。」可是若是能輕易說忘就忘，那還會有什麼麻煩呢？越想壓抑想法，就會變得越來越具威力。努力不去回想，就越容易想起來。若是我對那位朋友這樣說應該比較好「若是想起那雙沒有關懷的眼神，不如就這樣放著不管吧！這樣做總有一天會忘掉。人生在世，哪有人沒經歷過一兩回這種事？」

實際上這樣的建議，應該是對偶爾偷偷在意他人炙熱的眼神變得小心翼翼的我自己說才對。另一方面，**也希望大家都有自覺，知道有人會因自己不留情的眼神而傷害自尊。**

心平氣和地寫下事情的真相，恢復自尊心

你的自尊心曾因某人不恰當的話語或態度而受傷嗎？想把那件事忘得一乾二淨，不過卻動不動想起來，心情變得亂糟糟的嗎？心平氣和地把當時的情況告訴對方，並用下列的句子做結尾「因為你不小心傷害我的自尊心，不過我學習了應該要注意不要帶給別人傷害。」接著不要管是否會回想起那件事。

尊重對方原來的樣貌，
愛情才能長久

我體內的阿尼瑪小姐或是阿尼瑪先生

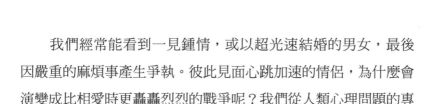

　　我們經常能看到一見鍾情，或以超光速結婚的男女，最後因嚴重的麻煩事產生爭執。彼此見面心跳加速的情侶，為什麼會演變成比相愛時更轟轟烈烈的戰爭呢？我們從人類心理問題的專家，卡爾・古斯塔夫・榮格身上找出答案。

　　榮格提出「阿尼瑪斯」和「阿尼瑪」這個有迷人名字的潛意識原型。阿尼瑪斯先生意味著存在於女性潛意識中的男性性格，阿尼瑪小姐則是存在於男性潛意識中的女性性格。 若將人類的外在人格（或是社會性人格）稱之為「人格面具」，阿尼瑪斯和 阿尼瑪則無意識的佔據了潛意識的內在性格。

　　有個叫 O 的女子，遇見了內心隱藏另一半完美形象的男子 B，談了一場美麗動人的戀愛後，最後步入結婚禮堂。但結婚不到一個月，就開始從 B 身上發現一兩件不滿意的部分。深入了

解後，才發現對方不是自己的理想類型，甚至還開始討厭起對方「這個男人，真的是我當初一見鍾情的那個男人嗎？」O 覺得自己上當受騙了。

但是欺騙 O 的並非 B，其實是 O 自己。初次見面時，將自己潛意識的阿尼瑪斯先生投射在 B 身上，誤以為是「我的理想類型」。究竟是幸運還是不幸，錯覺無法維持太久，就顯露出和自己投射的阿尼瑪斯形象不符的模樣「我本來以為他是主見強，沒想到居然如此自我中心。」、「為什麼把這種虛有其表的人誤認為是風度翩翩的男人呢？」、「是我看走眼了。我把懶惰享樂的沒用男人，誤認為浪漫派。」

B 的所有缺點，都是因為被阿尼瑪斯先生的幻象鬼迷心竅才看不見。不懂得這個事實的 O 產生憤怒情緒，拼命責怪對方，彷彿 B 騙了自己。

可是沒看清實際面貌，看到虛像的人其實是自己。最後 O 只能將 B 變成自己想要的模樣，或是和 B 離婚，再次尋找理想類型。失敗是一而再再而三。

電影《戀夏 (500 日)》呈現了平凡上班族湯姆，從一見鍾情的愛情身上發現的阿尼瑪小姐。相信緣分，等待愛情的男子湯姆，不想被定義為某人的誰，想要和活得自由自在的女子「夏天」在一起。有一天兩人偶然在電梯相遇，對彼此產生好感，開始了甜如蜜糖的戀愛。

但是時間過得越久，戀人和朋友的界限越來越不和諧，最終兩人只能走向分手一途。把夏天當作戀人的湯姆，以及跟湯姆說「我們不是戀人」的夏天，兩人之間的距離註定只能漸行漸遠。電影是以湯姆的角度拍攝的，瘋狂愛上夏天的湯姆，如何將自己內在的阿尼瑪小姐投射在她身上？以下用「以前和現在」的台詞真實的展現潛意識差異。

一見鍾情的湯姆這樣說道：

「我愛夏天。我愛她的微笑。也愛她的頭髮和她的膝蓋。也愛她脖子上愛心形狀的痣，她說話前抿嘴唇的樣子也很可愛。我也喜歡她的笑聲，喜歡她睡覺的模樣。」

湯姆在和夏天分手後生氣的說道：

「我討厭夏天。討厭她歪歪扭扭的牙齒,也討厭她六零年代的髮型。討厭她凹凸不平的膝蓋。也討厭脖子上蟑螂形狀的斑點。也討厭她說話前嘖嘖聲。也討厭她的聲音,跟她的笑聲。」

在描述「改變愛情觀的 500 天」的電影中,無法將湯姆的這些台詞顯得特別重要,但這些場景足以窺探男性潛意識中存在的女性形象(或是存在於女性潛意識中的男性形象)投射在對方的方式。

現在若了解了阿尼瑪小姐、阿尼瑪斯先生,就慢慢地思考「或許我透過他滿足了我潛意識的阿尼瑪斯部分。」、「我是否利用對方,填補我未察覺的阿尼瑪部分呢?」。若有點聰明才智,就能將潛意識的虛幻和經驗,變成展開真正關係的機會。這不是多困難多複雜的事。只要記住一個事實,**愛情並不是貪心強求,或是將對方勉強塞進理想型的框架內,而是要尊重原來的樣貌!**

寫心事
練習66

寫下你潛意識創造的虛幻形象

你曾經因為理想類型的夥伴展現出其他樣貌，而感到生氣嗎？
用「存在我潛意識的阿尼瑪小姐」或是「存在我潛意識的阿尼
瑪斯先生」的標題，寫下你潛意識創造的虛幻形象。

開啓心靈相通之路

表達內心的紙條

那是我去 A 藝術高中上課時，有個一個叫 H 的孩子，經常以反抗的態度擾亂上課氣氛。比如說，上課途中擅自離開自己的座位，面牆站著撐到下課 <給愛麗絲> 鈴聲響起時，或是令人討厭沒禮貌的頂嘴。我從來沒有責備過她，只是默默觀察著，每次去學校成了不小的壓力。同學們私底下偷偷告訴我，H 在其他課時也有同樣的態度，似乎想用這句話來安慰我。

我一週去學校 2 次，開始在下課時間特地把 H 找來，一起共度 10 分鐘的午茶時光。我在教室裡用紙杯泡了茶包，在走廊上安靜的空間碰面。只有我一個人唱著獨角戲，而 H 只回答「是」或「不是」、「不知道」，或是眼怔怔地看著遠山，重複這樣的午茶時光。

最近對什麼事感興趣，跟誰最要好，上次寫的文章令人印象

深刻，這些話說了 10 分鐘左右，就會響起 < 給愛麗絲 > 鈴聲。H 展現了徹底的淡漠，令人懷疑是不是為了讓我難堪，才答應午茶邀約。就在我的耐心到達極限，考慮是否該就此放棄時，H 終於開口了「我就是無條件討厭大人」。

我豎直了耳朵，因為發現那句話是敞開心門的信號。午茶時光繼續延續，H 吐露從父母離婚起展開的憤怒，還有對大人根深蒂固的不信任。H 說了關於不能原諒離婚的爸爸和媽媽以及身為獨身女需要輪流照顧他們這件事。我給了最大的共鳴回應，聽著 H 的故事後說「我了解你」的心情，變成希望靠近的心情，但 H 只是尋找訴說的對象，只顧說著自己的故事，不讓別人靠近。總之 10 分鐘午茶的效果，這樣就足夠了。之後，上課時間盯著牆壁看，或是沒大沒小的頂嘴這些行徑消失了，再加上 H 表現出認真寫作的模樣。

令人惋惜的是到了 3 年級期末，接近離別的那一天。H 說她打算去加拿大留學，會住在當地阿姨家。接著在上課最後一天，H 把拼命折了又折的紙條塞給上完課的我，一溜煙地就跑走了。打開紙條看，我突然感到一陣鼻酸「老師，我現在還是討厭大人。

可是我有稍微一點點，一點點喜歡老師。」

我相信 H 在遇到下一個聽自己故事的人，應該能稍微容易敞開心扉，因為大人不是「無條件」討厭的對象。

我知道透過便條紙得到一絲平靜的人不是我，而是 H。H 想傳達給我的心意是「老師和我之間產生了心靈之路」雖然只有 2 句話，但是充分的傳達了心意。我能夠感受到。

寫下對你友善的人的心意紙條

當你失去慾望或經歷辛苦的事件時，對你友善的人，你有沒有表達心意？如果有，將寫了一兩句、兩三句話的紙條交給那個人「希望你和我之間產生心靈之路」，以此表示你的心意。要不要買幾顆蘋果，或是把 100 公克咖啡原豆包裝好，再放入紙條呢？只要內在平靜，給予的人比收到的人還要多。

引用文出處

書籍
第 10 頁，都鍾煥，《哪有不搖曳就盛開的花》, RH Korea(RHK), 2014.
第 146 頁明志賢（音譯），《交軍之味》，現代文學，2012.
第 187 頁 維斯瓦娃·辛波絲卡 (Wislawa Szymborska) 著，崔聖恩翻譯（音譯），《這裡》部分，《足夠》，文化和知性社， 2016.
第 215 法頂，《獨自生活的快樂》，泉水，2004.

電影
第 57 頁 姜炯哲導演，《陽光姐妹淘》，2011.
第 109 頁 葛斯·范桑導演，《心靈捕手》，1998.
第 265 頁，馬克·偉柏導演，鄭潤熙（音譯）翻譯，《戀夏 (500 日)》，2010.
網站
第 50 頁 treepla.net 雜誌，＜伴侶樹木＞「種植愛與關懷的樹木，龜背芋」.
第 74 頁 Tyler Wheeler, WebMD, https：//www.webmd.com/balance/stress-management/ss/slideshow-tips-to-feel-better-fast

本書使用的引用文，大部分都取得著作權人的同意，但是部分找不到著作權人。確認著作權人後，會進行正式同意程序。

寫心事，療心事：
我想成爲更好版本的我

作　　者：朴仙姬
譯　　者：張琪惠
責任編輯：梁淑玲
封面設計：廖韡
內頁設計：王氏研創藝術有限公司

總 編 輯：林麗文
副 總 編：梁淑玲、黃佳燕
主　　編：高佩琳、賴秉薇、蕭歆儀
行銷總監：祝子慧
行銷企畫：林彥伶、朱妍靜

社　　長：郭重興
發 行 人：曾大福
出　　版：幸福文化／遠足文化事業股份有限公司
地　　址：231 新北市新店區民權路 108-1 號 8 樓
網　　址：https://www.facebook.com/
　　　　　happinessbookrep/
電　　話：(02) 2218-1417
傳　　真：(02) 2218-8057

發　　行：遠足文化事業股份有限公司
地　　址：231 新北市新店區民權路 108-2 號 9 樓
電　　話：(02) 2218-1417
傳　　真：(02) 2218-1142
電　　郵：service@bookrep.com.tw
郵撥帳號：19504465
客服電話：0800-221-029
網　　址：www.bookrep.com.tw

法律顧問：華洋法律事務所　蘇文生律師
印　　刷：通南印刷有限公司
初版一刷：2023 年 5 月
定　　價：380 元

寫心事，療心事：我想成為更好版本的我
/ 朴仙姬著；張琪惠譯 . -- 初版 . -- 新北
市：幸福文化出版社，遠足文化事業股份
有限公司，2023.05
　　面；　公分 . -- (富能量；67)
ISBN 978-626-7184-91-2(平裝)
1.CST: 靈修
192.1　　　　　　　　　　　112002587